KB200315

목포 기독교
근대 역사관의 배경

목포 기독교 근대 역사관의 배경

ⓒ 최은수, 2025

초판 1쇄 발행 2025년 4월 9일

지은이   최은수
펴낸이   이기봉
편집   좋은땅 편집팀
펴낸곳   도서출판 좋은땅
주소   서울특별시 마포구 양화로12길 26 지월드빌딩 (서교동 395-7)
전화   02)374-8616~7
팩스   02)374-8614
이메일   gworldbook@naver.com
홈페이지 www.g-world.co.kr

ISBN   979-11-388-4139-9 (03230)

목포 기독교
근대 역사관의 배경

—————— 최은수 지음 ——————

좋은땅

역사는 역사를 낳고, 생명은 생명을 낳는다
History Stands History, Life Carries Life

기억하면 살고, 망각하면 죽는다
Remembering Lives, Neglecting Dies
記得生命, 忽略死亡

- 최은수 -

목차

최은수 박사의 미국 남장로교의 호남지방, 특히 목포 스테이션에 대한
연구는 선교사(宣敎史, 宣敎師) 연구의 새로운 지평을 열고 있다.

예리한 통찰력, 역사를 조망하는 새로운 안목, 명쾌하고도 선명한 기
술, 그리고 일차자료에 근거한 참신한 연구이기 때문이다.

저자는 이전 연구의 추수(追隨)에 만족하지 않고 새로운 사료를 발굴
하기 위해 미국의 각종 고문서관을 뒤지는 등의 수년간의 등섭지로(登涉
之勞)의 결과로 목포 지역 선교운동사를 새롭게 집필하게 된 것이다.

이 책은 역사를 공부하는 우리 모두에게 도전을 주고 있다. 나는 이 책
이야말로 한국 교회를 위한 값진 선물이라고 확신한다.

이상규 교수

전 고신대학교 교회사 교수
현재 백석대학교 신학대학원 교회사 석좌교수

저자는 전라남북도의 기독교 역사를 기념하기 위한 기념관 건립 사업을 자문하면서 미국의 남장로교회의 전라도 교회사를 다년간 연구하였다. 본서에는 초기 한국 선교의 중심지 중 하나인 목포 지역 선교의 역사를 다루었다. 특별히 저자는 이 지역의 초기 선교사들인 알레산드로 다말 드류(A. Damar Drew) 박사와 윌리엄 레이놀즈(William Reynolds) 선교사들의 선교적 헌신을 깊은 통찰력으로 서술하였다.

저자는 초기 선교사들의 선교 활동이 복음 전파와 더불어 의료와 교육을 통한 사회적 변화와 발전에 공헌한 점을 잘 연구하였다. 그러므로 본 주제는 단순히 한국선교의 역사적 배경을 탐구하고 조명하는 과거 회고의 작업이 아니라 오늘날 한국 교회의 복음 전파가 지향해야 할 방향을 제시하는 데 있어 중요한 의미를 갖는다.

저자는 한국교회가 본서를 통해 초기 선교사들이 겪었던 도전과 그들이 남긴 유산을 돌아보면서 복음적 소명에 대한 믿음과 소망을 회복하길 기대하고 있다. 특별히 한국선교의 귀감이 된 목포 지역의 선교 역사를 되돌아보는 것은 복음전파의 미래를 위한 중요한 발판이 될 것이다.

본서를 통해 한국 교회가 복음 전파의 정체성을 다시 확인하고 선교적 소명을 회복하는 역사가 회복되길 기대한다. 이에 본서를 기쁜 마음으로 추천하는 바이다.

심창섭 교수

총신대학교 신학대학원 교회사 명예교수
국제개발대학원 총장

이 책은 목포권 기독교 근대 역사와 선교의 발자취를 다각도로 조명합니다.

저자는 전라도, 특히 목포라는 특별한 지역적 배경 속에서 초기 선교사들과 현지인의 삶을 깊이 있게 탐구하며, 역사적 사실을 바탕으로 생생한 이야기를 엮어 냅니다.

이를 통해 단순한 과거의 회고를 넘어, 현재와 미래의 신앙 공동체에 대한 통찰을 제공합니다.

저자는 오랜 학문적 연구와 깊은 애정을 바탕으로, 전라도 지역의 역사와 신앙을 누구보다도 깊이 이해하고 있습니다.

제가 42년 전에 교회를 개척하여 목회하고 있는 목포와 전라도의 기독교 역사는 고유한 가치와 의미를 지닌 소중한 유산이며, 이 책은 그러한 유산을 충실히 기록하고 해석함으로써 지역 교회와 신자들에게 소중한 길잡이가 될 것입니다.

특히, 저자의 탁월한 스토리텔링 방식은 독자들에게 단순한 읽기를 넘어 자신의 신앙적 여정에 적용할 수 있는 깊은 울림을 줄 것입니다.

이 책은 한국 교회의 과거와 현재를 잇고, 미래의 길을 모색하는 데 중요한 이정표가 될 것입니다.

존경하는 최은수 교수님의 깊은 연구와 통찰이 담긴 이 책을 기쁜 마음으로 추천합니다.

모상련 목사

목포주안교회 담임목사

제1장

서언
(Preface)

어느 날 아침 나는 바다에서 떠오르는 일출을 보고자 일찍 일어났다. 이런 광경을 보는 것은 언제나 신기하고 엄숙하니 말이다. 참으로 특이한 장관을 목격했는데, 짙은 검은 구름이 펼쳐져서 바다에 그림자를 드리우고 그 사이로 밝은 태양이 광선을 발하듯이 위용을 드러냈다. 이렇게 붉게 빛나는 태양이 구름을 비집고 나와서 나의 발에 닿았다. 이 진기한 자연의 현상을 보면서 나는 의의 태양이신 주님을 향하여 우리의 얼굴을 향하고 거룩한 빛의 길을 열어 가는 것이 모든 기독교인들의 기쁨이요 의무임을 깨달았다.

– 김아각 선교사(Daniel James Cumming) –

전라도에서 선교 활동을 한 후 은퇴한 선교사 제위가 미국 노스 캐롤라이나주 블랙 마운틴에 조성된 선교사 은퇴촌에 생존해 계실 동안, 그분들이 필자를 불러서 '우리의 이야기를 남겨 달라'는 유지를 남겼다.[1] 그로부터 어느덧 20여 년의 세월이 흘러가고 있다. 미국에서 시간 날 때마다 조용히 미 남장로교 호남 선교와 전라도 교회사를 연구해 오면서 그분들이 왜 그런 유지를 남겼는지 폐부 깊숙이 느끼고 있는 중이다. 특히 전라남북도에서 기독교 역사를 기억하기 위한 기념관 건립 등 중요한 사업들이 진행되고 학문적으로 자문을 주면서 그분들의 유지가 더욱 생생하게 다가오고 있는 것은 결코 우연이 아닐 것이다.

전라남북도 교회 역사를 기억하기 위해서 그동안 많은 사람들이 밤을 지새우며 각고의 노력을 경주해 왔다. 그런 분들을 분류해 보자면 다음과 같다. 1. 미 남장로교 파송 선교사들에 대하여 한없는 존경과 동경

---

1   Black Mountain and Montreat, North Carolina. 1983년에 미국 북장로교회와 남장로교회가 합쳐지기 전에는 이 주변에 총회 역사관과 훈련원 등이 있어서 중추적인 역할을 하던 장소였다. 더군다나 미 남장로교 만주 지역 의료선교사의 딸로 태어난 루스 벨 그레함(Ruth Bell Graham)여사의 수고로 은퇴선교사 마을이 조성되었다.

을 가지고 글을 쓴 경우다. 2. 미국과 미국 남부의 상황을 정확히 파악하지 못한 가운데 호남 현지의 제한된 자료를 바탕으로 글을 쓰는 것이다. 3. 미국에 대해서는 정서적으로 공감하는 장점을 가지고 있으면서 호남의 정서를 제대로 파악하지 못하는 모습이다. 4. 미국과 전라도에 익숙한 듯 보이면서도 학문적으로 규명해 내지 못하는 경우다. 이런 이유들때문에 약간의 아쉬움이 각 상황마다 보여서 마음 한편에 나름대로의 부담이 깊숙이 박혀 있다. 더군다나 저자들이 전라도 교회사 관련 인물전을 쓰거나 여타의 글을 쓸 때, 자료 출처를 거의 언급하지 않는 경우가 많아서, 무슨 소설이나 지어낸 이야기와 같아서, 전라도의 귀중한 역사유산을 폄훼하고 역사왜곡의 위험성마저 보이고 있는 현실이다.

그러므로 미 남장로교회의 전라도 선교 내지는 호남교회사 연구의 동향을 놓고 볼 때, 처음 구한말 은둔의 땅으로 파송받아 왔던 초기 선교사들을 포함하여 향후 미 남장로교 한국선교부가 공식적으로 해체하는 시점까지 사역에 충실했던 모든 이들의 삶의 자리, 즉 그들의 미국 남부 배경에 대한 연구가 철저하게 수행되는 것이 중요하다. 역사적 인물들의 미국 배경에 대하여 모르고 어떻게 전기나 학문적 논문을 쓸 수 있을까![2]

---

2   미 남장로교 전라도 선교 역사를 다룬 대표적인 안내서 가운데 조지 톰슨 브라운 (George Thomson Brown) 선교사의 *Mission to Korea* (PCUS 1962)가 1962년에 출간되었는데, 미국 원사료들에 충실했음에도 불구하고, 잘못 기재된 행정서류만 보고 기술하는 오류를 범하기도 했다. 미 남장로교 파송 최초의 내한 선교사인 리니 폴커슨 데이비스(Linnie Fulkerson Davis)가 1903년에 사망한 것을 주한 영사관 직원이 1902년으로 적은 실수를 그대로 반복한 것이다. 원사료에 보면, 후에 수기로 1903년으로 정정하였다. 하지만 톰슨 선교사는 그 이전의 자료만 보았기 때문에 잘못된 기록을 답습하였다. 그래

더군다나 역사의 소용돌이 속에서 의병항거, 독립전쟁, 강대국들 간에 벌어졌던 국제전쟁, 한국전쟁 등이 우리 땅에서 벌어지면서 기존의 원사료들이 상당 부분 소실되었다. 그렇기 때문에 미국의 배경을 이해하고 전라도에서 전개된 교회사의 흐름을 정확히 파악하기 위해서라도 원사료들이 보존되어 있는 미국이나 영국 등에 산재한 자료들에 충실해야 한다. 요약하자면, 미국 남부에 대한 종합적 이해, 역사적으로 한국과 주변 정세에 대한 이해, 그리고 가장 중요한 전라도에 대한 전일적인 이해가 조화를 이루어야 한다는 것이다.

현재 진행되고 있는 미 남장로교 호남 선교역사와 전라도 교회사에 대하여 학문적으로 정확히 지적한 글이 있어 독자 제위의 이해를 돕기 위해 인용코자 한다.

최근 내한 선교사에 대한 일반의 관심이 높아지고 그들에 대한 관련 연구가 다양하게 진행되고 있음은 어느 정도 고무적인 일이다. 하지만 우려스러운

서 원사료도 철저한 검증이 필요하다. Reports of Deaths of American Citizens Abroad 1835-1974, Vol. 26, National Archives at College Park, Maryland, USA. 톰슨 선교사도 이런 잘못을 인식하고 그가 리치몬드 유니언 신학교에 제출한 신학박사(Th. D.) 논문에서는 그런 실수를 정정하였다. George Thomson Brown, 'A HISTOEY OF THE KOREA MISSION, PRESBYTERIAN CHURCH, U. FROM 1892 TO 1962', Union Theological Seminary Th. D. Dissertation, 1963. 현재까지 브라운의 1962년 책을 교과서처럼 사용해 오고 있는데, 필자는 1963년에 나온 그의 신학박사 학위 논문의 내용이 더 풍성하고 정확하다고 판단하여 필요한 곳에 언급할 것이다. 필자가 아는 한, 그의 박사 논문을 언급한 글을 보지 못했다.

점도 있다. 선교사들을 바라보는 시선의 객관성 혹은 중립성 결여의 문제 때문이다. 한 인물에 대한 위인전(Hagiography)적 접근은, 비록 순간적인 감동은 줄 수 있겠지만, 설득의 힘이 약해 금세 잊힐 수밖에 없다. 사실의 기초가 부실하면 추억의 동력도 그만큼 쉽게 약화된다. 즉 그에 대한 역사적 진실을 제대로 말하지 않거나 영웅적인 요소만을 선별해서 제공한다면 얼마 지나지 않아 대중의 외면과 망각이 찾아올 것이다. "하늘 아래 인간은, 시대를 불문하고, 그 존재감이 거의 동일하다고 보아야 한다. 은혜는 비범한 영웅보다 오히려 필부(匹夫)의 평범함에 깃들어 있다."

지금 호남에서는 호사가들의 수다를 방불케 하는, "신념에 지배당한 사실 왜곡의, 비역사가가 습작으로 쓴 선교사 위인전이 대량 생산 유통" 중인 것으로 보인다. 대부분의 선교사들은 이미 그 삶에 헌신과 봉사의 요소가 일정 부분 배어 있기 때문에 굳이 처음부터 초월적으로 그를 부각시키려는 태도를 가질 필요가 없다. 비판적 사료(史料) 읽기를 통해 그것이 지시하는 대로 뒤를 좇기만 하면 된다. 소기의 목적 달성은 그것만으로도 차고 넘친다. 선교사 연구에 대한 학문적 수월성만이 그 지속성과 확장성을 담보할 수 있을 것이다.

역사학의 의무는 '영원히 지속되는 참된 지식'과, '지나가는 찰나의 소비적인 견해'를 구분하는 일이다. 사실(fact)과 소문(gossip)은 구별되어야 한다. 인간에 대한 성찰의 부족과 역사적 배경의 과감한 생략에 기초한 이른바 "'은혜' 가치의 과잉" 현상, 즉 은혜 분위기 고양을 위해 선교사들의 특정 에피소드를 지나치게 일반화하는 흐름은 제어되어야 할 것이다. 이는 역사가로서의 중립성 의무 위반에 해당될 수 있다.

선진국 반열의 역이민 시대에, 앵글로색슨 열등감에 기반한 추앙(推仰) 일변도 접근 방식은 조금 무리가 있어 보인다. 이른바 '오리엔탈리즘'(Orientalism)은 지금 종언(終焉)에 있다. 호남의 선교사 연구가 신화와 미몽(迷夢)의 유사역사학(Pseudohistory) 범주에서 벗어나 신속하게 칸트적 이성과 데카르트적 과학의 영역으로 진입하기를 간절히 기대한다. "'규범'과 '은혜'의 칼날은 언제든 '사실'과 '실증'을 도려낼 준비가 되어 있다."[3]

필자가 제기한 문제점과 위의 인용문의 핵심을 유념하면서, 먼저는 목포 기독교 근대 역사관을 세워 나가는 데 기본이 되는 원칙들을 몇 가지 주제로 나누어 언급하고, 목포권 사람들 중심으로 펼쳐진 기독교 역사를 초기 배경에 집중하여 다룰 것이다. 왜냐하면 근본적인 초기 역사 이해가 전라도 교회사를 이해하는 기초석이 되기 때문이다. 전라도의 좋은 토대 위에 기초가 튼실하게 세워졌는데도 불구하고, 전라도 교회사의 기원과 그 뿌리에 대하여 제대로 알지 못한다면, 부실공사의 경우와 같이 사상누각이 될 가능성이 다분하기 때문에, 근본을 충실히 하는 인문학적 배경연구에 심혈을 기울여야 함이다.

미 남장로교 선교 규정과 파송 선교사들의 기본 정신에 기초하여, 목포권의 좋은 토대들과 목포권 사람들의 헌신을 주인의식을 가지고 언급할 것이다. 그러기 위해서는 전라도와 목포 사람들의 정체성을 일깨우고 주인을 섬기듯이 섬김의 수고를 아끼지 않은 초기 선교사 제위에 대하여 심도 깊은 서술이 필수적이다. 전라도와 목포권 사람들로 하여금 잠재적

---

3 송현강, '헨리 메걸리(H. D. McCallie)의 도서 선교', *인문학술* 제13호, 133-134.

역량을 펼치도록 섬겨 준, 파송 선교사들의 뜻을 존중하며 경의를 표하면서 그들의 삶과 사역 또한 병행하여 균형을 맞추도록 할 것이다. 그들을 제대로 알아야 전라도와 목포권 사람들의 주인 된 정체성이 빛을 발하기 때문이다. 미국 본토에서 명문가의 자제들이나 엘리트 교육을 받은 선교사들이 극동의 한 귀퉁이에 와서 생명까지 바치며 수고했던 이유는 전라도와 목포권 사람들을 위해서 목숨을 걸만큼 그 사람들에게 최고의 가치가 있다고 판단했기 때문이다.

이 모든 내용이 필자가 개척한 전라도사관의 핵심 관점이다. **기독교 호남사관 또는 전라도사관은 세계장로교회의 본산인 스코틀랜드에서 시작하여 미국 남장로교회를 통해 호남에 뿌리를 내리며 결실한 '정통성', 여러 교단들과의 상호작용을 통해 융화된 '다양성', 삶의 자리에서 차별과 억압으로 체득된 '저항성', 뿌리 깊은 기독교 신앙에서 얻은 자신감으로 세상의 중심으로 나아가고자 하는 '도전성'이 핵심이다.** 이런 기독교 전라도사관 또는 호남사관의 시각에서 한국교회사 전체를 아우르며 해석하고 서술할 때가 도래했다는 말이다.

필자는 본 저서가 전라도 각 지역의 교회사 서술과, 역사관이나 기념관과 같이 기억함의 사명을 감당하는 일에 하나의 기준이요 참고가 되길 소원할 뿐이다.

제2장

중요한 원칙들
(Important Principles)

사역을 마치고 귀가하면서 피곤할 법도 한데, 오히려 기쁨이 넘친다. 어둠
가운데 있던 목포권 사람들에게 주님을 소개하는 일이야말로 무한한 영광
이요 특권이기 때문에 그렇다. 이제 머지않아서 길이요, 진리요, 생명이신
주님을 목포권 사람들이 알게 될 텐데, 이 귀한 영혼들을 위하여 성심을 다
해서 기도해야 되지 않겠는가?

- 조마구례(Margaret Higgins Hopper) -

목포 기독교 근대 역사관의 원칙들

첫째, 목포권과 목포권 사람들이 중심이 되는 역사관이어야 한다. 19세기 선교의 위대한 세기에 형성된 '현지인 중심'의 기조는 선교사들이 주체가 아니라, 그들이 현지인들을 섬기고 봉사하는 임시체류자의 신분이었음을 주지할 필요가 있다. 미 남장로교회 총회의 해외 실행 위원회도 '현지인 중심'의 원칙을 파송 선교사들에게 강조하여 실천토록 하였다. 목포권 사람들을 중심으로 역사관을 구성하는 것은 목포 권역에 와서 수고한 선교사들의 뜻이며 그들에게 최대한의 예의를 갖추고 존중을 표하는 것이다.

둘째, 목포권과 목포권 사람들이 '좋은 땅'(Good Soil) 즉 옥토와 같이 좋은 토대를 견지하고 있었다는 점이 충분히 반영되어야 한다. 현지 당사자들이 선교사들을 배척하거나 핍박하지 않고 대체적으로 호의적이었고, 시간이 흐를수록 자체적으로 성장해 나갈 수 있었으니 말이다. 이웃 나라 일본은 미 남장로교회의 선교 역사도 한국보다 길고 많은 선교사들이 파송받아 활동했고 선교비 지출도 적지 않았는데도, 선교의 열매 측면에서, 한국과는 비교도 안 될 정도로 미미한 결과를 낳은 것만 보아도 '토대'가 얼마나 중요한지 알 수 있다. 선교 역사적으로 볼 때, 아무리 탁월한 선교사들이 파송받아 오고 거금을 투자해도 '좋은 땅'이 아니면 헛수고가 되기도 했다는 것이다. 선교사들은 이국땅에 와서 불편하고 향토병 등에 노출되어 어려움이 많았겠지만, 현지인들은 이곳이 불편하지 않고 익숙한 환경이며 모든 면에서 자연스러웠다. 선교사들은 소명을 받고 자원하여 왔지만, 현지인들은 그들을 초청한 적도 없고 대대적으로 환영하지도 않았다. 하지만 이 두 진영이 목포권에서 조화를 이루게 될 줄은 상상조차 할 수 없었다는 말이다.

셋째, 한국교회사를 이해하는 **기독교 '호남사관'(湖南史觀) 또는 전라도사관이 충분히 반영되어야 한다는 점이다. 기독교 호남사관 또는 전라도사관은 세계장로교회의 본산인 스코틀랜드에서 시작하여 미국 남장로교회를 통해 호남에 뿌리를 내리며 결실한 '정통성', 여러 교단들과의 상호작용을 통해 융화된 '다양성', 삶의 자리에서 차별과 억압으로 체득된 '저항성', 뿌리 깊은 기독교 신앙에서 얻은 자신감으로 세상의 중심으로 나아가고자 하는 '도전성'이 핵심이다.** 이런 기독교 전라도사관 또는 호남사관의 시각에서 한국교회사 전체를 아우르며 해석하고 서술할 때가 도래했다는 말이다. 그동안 한국교회사 서술은 선교사관, 민족사관, 민중사관, 신앙고백사관, 세계교회사관, 개혁주의사관, 복음주의사관 등 각각의 관점을 가지고 기술되어 왔다고 할 수 있다. 하지만 미 남장로교회와 호남 기독교를 중심에 놓고 전체를 서술한 경우는 거의 없다고 보아야 한다. 호남 기독교인들의 도전성은 수도권을 중심으로 확고한 위치를 점하고 있으며, 심지어 동서갈등의 현장인 경상남북도에서도 그들의 도전적 확산이 눈에 띄게 나타나고 있는 경향이다. 이제 신앙의 불은 북으로부터가 아니라, 전라남북도의 남으로부터 전국으로 확산되어 왔다고 해야 맞다.

넷째, 목포권 기독교 근대 역사관은 교회사적으로 간과되고 무시와 차별을 당하던 여성, 어린이, 청소년 등과 같은 계층의 인물들을 반영함이 좋을 것이다.

다섯째, 병원과 남녀학교들을 언급할 때, 시기와 명칭 변화의 과정을 가능한 사실적으로 자세하게 규명할 필요가 있다.

여섯째, 목포권 기독교 근대 역사관은 개교회사를 위주로 다루는 공간이 아님을 유념하면서, 교회설립일과 같이 논쟁적인 요인들을 배제하면서 총체적인 기독교 정신을 드러내는 공간이어야 한다.

일곱째, 목포권 기독교 근대 역사관은 미 남장로교회의 호남 선교를 주로 다루면서도 성결교 등 차후에 유입되어 발전해 갔던 교회들도 동등한 입장에서 다루어야 할 것이다.

여덟째, 목포권 기독교 근대 역사관은 당시 인물들과 선교사들의 인생 명언들을 적재적소에 게시하여 모든 이들에게 신앙과 삶에 도전을 주고 감동이 넘쳐서 생명력이 꿈틀거리는 명소가 되도록 역량을 기울인다.

기독교 역사 박물관의 원칙들

　한국 개신교의 전래만 따져도 한 세기를 순식간에 뛰어넘어 급하게 역사의 수레바퀴가 굴러가고 있는 중이다. 경교 즉 네스토리안 기독교의 전파를 규명하자면 더 많은 시간과 노력이 필요하고, 이때를 기준으로 한다면, 대략 천오백 년 전후의 기독교 역사를 가지게 되는 셈이다. 당시 대승불교와 함께 전래된 경교 즉 네스토리안 기독교는 동북아시아 국가들 중에서 한국, 일본, 중국 등에 역사적 흔적을 남겼고, 지속되는 연구를 통하여 보다 구체적인 증거들이 드러날 것으로 사료된다. 필자가 군이 천오백 년 전후의 역사까지 거론하는 데는 그만한 이유가 있다. 왜냐하면 성삼위 하나님이 주관하시는 거룩한 역사는, 그것이 구속사이든, 성경사이든, 교회사이든, 생명력에 근거하기 때문이다. 하나님의 역사는 생명이다. 그래서 필자는 '역사는 역사를 낳고, 생명은 생명을 낳는다'고 줄기차게 외치는 것이다. 그런 견지에서 필자는 '기억하면 살고, 망각하면 죽는다'고 목 놓아 외친다.

　생명력을 가진 하나님의 역사, 교회의 역사를 기억하기 위해 최근 들어 다양한 방식으로 기억함의 사명을 감당하고자 몸부림을 치는 모습들이 보여서 감사한 마음뿐이다. 이런 기억함의 사명을 감당하고자 헌신과 열정을 다하는 기념사업회나, 지역 교회들이나, 여타의 단체들을 위해서 기독교 역사 박물관의 방향성에 대하여 기본적인 원칙들을 제시하는 것이 불필요한 논쟁과 잡음을 지양하고, 올바른 방향으로 나아가도록 길라잡이가 된다고 생각한다. 기독교 역사 박물관의 근본적인 원칙들을 다음과 같다.

첫 번째 원칙은 기독교 역사성의 개념에 대한 확고한 정립이다. 여기서 기독교는 종교개혁을 통해 극복했던 로마 카톨릭 즉 천주교와 원천적으로 구별되며, 성삼위 하나님을 부인하고 기독교의 정경인 신구약 성경을 자신들의 경전이 아니라고 강변하는 유대교와도 근본적으로 다르다. 기독교의 역사성은 역사 속에서 전개되고 있는 성삼위 하나님과 기독교적 인물들의 상호작용을 통해서 하나님의 역사임을 인정하고 고백하는 것이다. 다시 말하자면, 인간들의 업적이나 공적을 나열하는 것이 아니라, 역사의 주인 되시고 운영자 되시는 하나님의 그 백성들을 통한 그분의 역사를 '기억함'이고 그분께 영광과 존귀를 올려드리는 것을 말한다. 천주교는 역사성을 '숭배'하여 미신과 우상 숭배를 조장하지만, 기독교는 역사성을 '기억함'으로 현재와 미래를 위한 귀감이 되도록 한다.

두 번째 원칙은 '지역성'과 '독특성'이다. 아무리 규모가 크다고 하는 대영제국 박물관이나 프랑스의 루브르 박물관조차도 모든 역사적 유물들을 소장할 수 없다. 한국의 경우, 국립 중앙 박물관조차도 모든 내용을 함축하여 전시하지 못한다. 그래서 각 지역별로 역사관이나 박물관이 필요한 것이다. 왜냐하면 각 지역이 '지역성'과 '독특성'을 가지고 있기 때문이다. 만일 한 지역의 역사관이나 박물관이 지역을 초월하여 모든 내용들을 담고자 한다면, 그 박물관은 이미 무용지물이나 마찬가지가 될 것이다. 각 지역이나, 구체적인 도시에 세워지는 역사 박물관은 해당 지역의 '지역성'을 충분히 반영해야 '독특성'이 담보되는 것이다. 그런 지역적인 독특성이 간과되고 무시된다면, 해당 지역에 역사 박물관이 설립될 하등의 이유가 없는 거나 마찬가지다. 해당 지역의 독특한 교회 역사와는 한참 거리가 있는 성경 박물관을 지향한다거나 기독교의 상징물들을 전시하는데 초점이 맞추어진다면 본래의 취지에서 벗어나도 너무나 심하게 탈선한 것이나 진배없다. 각 지역 역사 박물관의 기본 골격은 특색 있는 해당 지역 교회 역사에 초점이 맞추어져야 한다. 이렇게 중심을 잡은 역사 박물관이 균형을 맞추어 출범하게 되면, 향후 특별 전시회를 통하여 얼마든지 다양한 행사들을 할 수 있으니 우선순위를 지킬 필요가 있는 것이다. 거의 모든 입장과 생각들을 조화롭게 포용할 수 있는 방법은 얼마든지 있다. 단, 우선순위를 지키고, 기본 골격을 건실하게 하여 해당 지역을 대표하는 역사 박물관이 되도록 내실을 기한 다음, 여타의 내용들을 비상설, 특별 전시 등으로 포용할 수 있는 것이다.

세 번째 원칙은 '공공성'과 '보편성'이다. 각 지역에 설립이 되고 있거나, 추진되고 있는 역사 박물관들을 볼 것 같으면, 거의 대부분 국비, 광역 자치 단체, 해당 시나 군, 그리고 사업회나 지역 교회 연합회 등의 출연으로 역사 박물관 건립이 진행 된다. 이 자체가 '공공성'을 표방하는 바이고, '보편성'을 통해 공공의 유익을 지향함이다. 이렇게 공적 자금이 투입되는 프로젝트를 특정 개인이나 집단이 자신들의 치적으로 돌려세우고 공공의 유익이 아닌 소수의 이해관계를 충족하는 수단이 되게 방치해서는 결코 안 된다.

네 번째 원칙은 '전문성'이다. 기독교 역사 박물관은 더욱 더 전문성이 중요하다. 여기서 전문성이라 함은 교회사 서술을 위한 박사 학위 이상의 학문적 훈련을 하고 수년간에 걸쳐서 업적을 쌓은 경우를 말한다. 우리가 보통 교회사 교수 내지는 교회사 학자를 지칭한다. 특히 해당 지방이나 지역에 대하여 원천적인 전문성을 가지고 있어야 한다.

다섯 번째 원칙은 기독교 역사 박물관은 '사랑과 용서', '화해와 협력', '온유와 겸손'과 같은 가독교적 가치를 항상 견지해야 한다는 것이다. 논쟁을 조장하거나, 분열을 초래한다거나, 상호반목과 질시를 야기한다거나, 중용의 균형을 어기고 편 가르기를 한다거나 하는 등의 비기독교적 행동들은 마땅히 철저하게 배척해야 함이다.

이상의 다섯 가지 원칙들만이라도 철저하게 준수된다면, 기독교 역사 박물관은 '기억함'의 사명을 감당하며 현세대와 차세대에게 올바른 기독교적 역사인식을 하도록 본연의 역할을 다할 것이다.

교회 설립일 기준을 위한 고려사항들과 다섯 가지 기준

몇 가지 고려 사항들

첫째로, 네비우스 선교 방법은 기존의 원칙을 중국에 적용한 것이다.

네비우스가 주장한 방식은 그의 독창적인 주장이 아니다. 19세기 '미국해외선교회'에서 활동했던 헨리 벤(Henry Venn)과 루푸스 앤더슨(Rufus Anderson)의 자급, 자치, 자전 원리들을 중국에 맞게 도입하려고 시도한 것이다. 헨리 벤은 영국 성공회 소속의 목사였고, 루푸스 핸더슨은 회중교회의 목사였다. 그들은 미국에서 처음으로 '현지인 교회'(Indigenous Church)라는 용어를 사용하였다. 헨리 벤은 선교사들이 영구적인 사역자들이 아니라 임시로 파송된 것임을 강조하면서, 현지인 중심의 사역을 원칙으로 제시하였다. 그들의 주장이 폭넓게 영향을 미쳤으며, 네비우스도 이런 원칙들을 중국의 사정에 맞게 적용하고자 했던 것이다.[4]

---

4   Paul S. Cha, *Balancing Communities: Nation, State, Protestant Christianity in Korea 1884-1942* (University of Hawaii 2022), 56-75.

둘째로, 네비우스가 정리하여 중국에 적용했던 방법들을 한국에 적용한 후 토착화의 과정에서 현지 사정에 맞게 수정하여 왔다.

존 네비우스 선교사가 1890년 한국을 잠시 방문한 이후, 언더우드 선교사를 비롯하여 북장로교 선교사들이 중국에 적용했던 방식들을 도입하였고, 향후 한국에 맞게 적용하여 발전시켰다. 존 네비우스의 선교 방법들 가운데 성경의 권위를 강조하고 성경공부에 초점을 두는 것이 한국 교회에 성경 중심적인 토양을 형성하는 데 지대한 공헌을 했다는 견해도 있다. 우리가 보통 알고 있는 삼자원칙은 긍정적인 면과 부정적인 면이 존재하므로 비판적인 시각에서 볼 필요가 있다. 사실, 한국에서 네비우스의 방식을 앞장서서 수용코자 했던 그룹이 북장로교 선교사들이었고, 네비우스 자신도 북장로교 파송이었기 때문에, 북장로교의 신학적 배경에 대하여 약간의 설명이 필요해 보인다. 북장로교는 소수파 청교도들이 미국으로 이민 왔던 뉴잉글랜드의 신학적 영향을 많이 받았다. 아울러 미국 장로교에서 일어났던 신학파와 구학파의 논쟁 속에서 신학파, 즉 뉴잉글랜드 신학과 부흥운동에 대하여 전향적인 입장에 있던 영향이 컸다.

이런 측면에서, 네비우스 선교 방식은 뉴잉글랜드 신학과 신학파의 경향을 다분히 함축하고 있다. 장로교의 본산인 스코틀랜드에서 장로교회의 원리와 기본 구조와는 괴리감을 느끼게 한다. 네비우스의 삼자원칙은 장로교의 기본 골격을 느슨하게 만들어서, 향후 장로교의 핵분열과 함께 개교회주의가 만연하게 되는 불씨가 되었다고 할 수 있다. 한국 선교 초기에는 뉴잉글랜드 신학과 부흥운동에 대한 영향이 기독교 복음 전파에

긍정적인 영향을 끼쳤던 것 같다. 하지만 한국교회가 토착화하고 제도화의 과정을 지나면서 다양한 문제들이 대두된 것 또한 간과할 수 없는 일이다. '현지인 위주'의 기조는 네비우스 선교 방식의 한국 적용 과정에서도 큰 변화는 없었던 것으로 보인다.

 셋째로, 미 남장로교 해외선교 실행위원회의 입장이다.

 미 남장로교 총회는 1877년 총회에서 해외선교를 더 원활하게 수행하기 위해서 해외선교 실행위원회 관련 규정을 마련하였다. 파송 목사 선교사에 대한 정의, 사역, 그리고 역할에 대한 내용을 보자: '선교사는 성경적 관점에서 볼 것 같으면 복음 전도자로 간주된다. 목사 선교사의 사역은 복음을 전파하고, 교회를 세우고, 현지인 주도의 교회들이 준비가 되었을 때, 노회 설립을 도우며, 필요에 따라 성경을 번역하고, 현지인 설교자들을 훈련하고, 복음적인 신앙의 전파를 위하여 기타 필요한 일들을 감당한다. 목사 선교사는 한 교회의 시무 목사가 되지 못하며, 가능한 이른 시일에 합당한 현지인 사역자를 세워야 하고, 지속적으로 복음을 전하여 다른 지역들에 교회를 세우는 일에 전념해야 한다. 목사 선교사는 해당 교회의 요청이 있을 시에 당회에 참석하여 조언(언권)을 줄 수는 있으나, 모든 의사 진행 과정에서 투표권 또는 결정권은 행사하지 못한다. 목사 선교사는 현지인 교회들이 여건을 갖추는 대로 노회를 설립하는 데 도움을 줄 수 있다. 노회가 성립된 후, 목사 선교사는 요청이 있을 경우에 한해서 언권회원으로 참석하여 조언을 줄 수는 있다. 목사 선교사는 본국의 노회에 속한 정회원이기 때문에, 현지인 중심의 노회에서 정회원이 될 수 없고, 그 어떤 권한도 행사할 수 없다.'

미 남장로교회의 해외선교 실행위원회는 1. 성경 중심 2. 복음 전하여 현지인들로 하여금 교회를 세우고, 당회를 조직하고, 노회를 구성하도록 사역 3. 시무 담임목사가 되지 못하며 4. 당회나 노회에서 언권을 가지고 조언은 하되 결정권이나 투표권은 행사하지 못하도록 규정하고 있다.[5]

넷째로, 미 남장로교 한국선교부의 입장은 이렇다.

미 남장로교 한국선교부도 본국 총회의 기조를 유지하고 있다. 한국 선교부 규정에 보면, 선교부 구성은 파송 선교사들로만 구성되고, 현지 인들은 원칙적으로 회원이 될 수 없었다. 선교부는 파송 선교사들만의 조직이니 충분히 이해되고도 남는다. 총회의 해외선교 실행위원회의 규정대로, 한국선교부도 '현지인' 위주의 사역을 감당하였다. 중국에 적용했던 네비우스의 방식과는 약간 다르게, 현지인 사역자들에게도 사례비를 책정하였다.[6]

다섯째로, '조선예수교장로회 사기'에 대한 사료 비평은 아래와 같다.

1) 1928년에 발행된 상권은 일제의 검열과 방해 가운데서 우여곡절 끝에 간행되었기 때문에 교회사 서술의 중립성과 객관성에 제약이 있었을 가능성이 있다.

---

5   The PCUS General Assembly of 1877.

6   The Constitutional Rules and By-laws of the Southern Presbyterian Mission in Korea, 1897.

2) 각 지역의 공식 교회 문서를 중심으로 기록되었다고는 하나, 개중에는 그런 문서들을 제출하지 않은 경우가 있다.

3) 공식 문서와 사료가 없을 경우 해당자의 기억에 의존해야 하기 때문에 오류의 가능성이 있다.

4) 당회록과 같은 교회 문서들을 기반으로 하여 최대한 객관적으로 사기가 기록되었다고 하지만, 당회가 조직되기 위해서는 목사가 위임되고 장로가 장립되는 과정을 전제하기 때문에, 그러기 위해서는 교회 설립 이후 상당한 기간이 흘러야 했다. 당회록 등 교회의 공식 문서는 역사기술이 목적이 아니다.[7]

교회설립일의 기준

첫째 기준은 개교회의 입장을 충분히 고려하고 존중하는 것이다. 단, 객관적인 사료적 증거를 전제로 한다. 개교회의 구전이나 전통에 근거한 경우 철저한 검증과 합당한 근거 자료를 찾는 데 함께 노력한다. 개교회의 입장에 무게를 두는 것은 어느 정도의 근거가 있었기 때문에 오랜 세월 주장해 왔다는 점을 열린 마음으로 사필귀정하기 위함이다. 이런 자세를 취할 때, 교회설립일과 연관된 반목과 질시를 넘어서, 고귀하고 지엄한 교회 역사를 올바르게 받들어 섬기게 된다. 교회 역사 앞에서는 예

---

7 차재명, *조선 예수교 장로회 사기 상*, (한국기독교사연구소 2014).

외 없이 누구나 겸손해야 한다.

둘째 기준은 선교사가 아니라 현지인 중심으로 기준을 잡아야 한다는 점이다. 19세기 선교의 위대한 시대에 제기되었던 '현지인 중심'의 원칙은 미 남장로교회 해외 선교 실행위원회 규정에도 정확히 명시되어 있다.

셋째 기준은 교회당 토지, 건물, 교회 직함, 당회와 노회와 같은 제도 등이 아니라, 현지인 개종자들 한 사람 한 사람을 중심으로 이해되어야 한다는 것이다.

넷째 기준은 단회적인 예배나 모임이 아니라, 두 명 이상의 결신자가 모여서 지속적으로 예배 등 모임을 가져야 한다는 사실이다.

다섯째 기준은 미 남장로교회의 호남(전라도) 선교 역사가 개교회가 정한 교회설립일보다 앞설 수 있고 풍성할 수 있다는 열린 자세가 항상 견지되어야 한다. 교회 역사는 살아 있는 유기체와 같이 생명력 그 자체임으로 억지로 우기거나, 왜곡하거나, 감정싸움을 하거나, 인위적으로 고집을 부리는 등 인위적으로 어찌할 수 있는 대상이 결코 아님을 유념해야 한다. 역사는 역사를 부르고, 생명은 생명을 부르기 때문이다. 제대로 역사를 기억하면 살고, 망각하면 죽는다.

기독교 유물에 대한 원칙들

한국 기독교의 역사도 한 세기를 훌쩍 뛰어 넘으면서 후세대들에게 귀감이 될 유물들에 대한 관심이 높아지고 있다. 기독교적 관점에서, 역사적 유물은 숭배하거나 경배의 대상이 아닌, 역사적 기독교의 사명인 '기억함'(To Remember)에 충실하기 위한 대상이다. 필자가 누누이 강조해 오고 있는 어록, 즉 '역사는 역사를 낳고, 생명은 생명을 낳는다'는 말처럼, 역사는 생명이기 때문에 그런 생명력을 담고 있는 유물을 통해 '기억함'의 사명을 다하면서, 역사적 교훈과 삶의 방향성을 잡아 나가는 큰 유익이 있다. 지금은 상당수가 고인이 되셨지만, 필자가 오래전에 미 남장로교 파송 내한 선교사 제위의 '우리의 이야기를 남겨 달라'는 유지를 받들어 오고 있기 때문에, 미 남장로교의 호남 선교를 중심으로 기독교 유물에 대한 원칙들을 재확인코자 한다. 이미 수년에 걸쳐서 강의 등 다양한 경로를 통하여 개진해 왔던 원칙들에 대하여 확고하게 재천명하기 위함이다.

첫 번째로, 한국 기독교 역사 유물은 공공성을 지니고 있는 공유재산이라는 점이다. 공적이라는 사실은 사적으로 이해해서는 안 된다는 의미다. 그런 견지에서 공유재산을 가지고 사익을 취하려고 하는 행동은 감당할 수 없는 역사적 평가를 피하지 못한다. 역사는 하나님의 역사이기 때문에, 역사를 경외하고 존중하며 두렵고 떨림으로 받들어야 하며, 그렇지 못할 경우, 지엄한 하나님의 역사에 대한 신성모독을 범하게 된다.

두 번째로, 불법거래 되거나, '도굴'과 '보물 사냥꾼' 등의 행위로 편취된 유물들에 대하여 분명한 입장을 가지고 있어야 한다. 한국 기독교의 역사 유물과 관련하여, '불법'이라 함은 원래 기증자의 의도와 전혀 다르게 통용되는 것을 말한다. 이를테면, 미 남장로교 파송 내한 선교사 본인이나 아니면 그 후손들이 가지고 있던 유물들을 아무런 금전적 대가 없이 기증한 경우, 구체적인 언급이 없었을지라도, 그런 행위에는 공공의 목적을 위해서 사용될 것이라는 의지와 뜻이 담겨져 있다. 필자가 직접 그런 일에 당사자가 되어 유물들을 받으면서 자연스럽게 공감했던 부분이기 때문에 누구보다도 정확히 안다고 할 수 있다. 기증자의 의도를 분명히 파악하고 있음으로, 필자는 기증자의 의도대로 공공성을 지닌 곳에 전달하였다.

하지만, 기증자의 의도와는 반대로 악용하는 경우가 있는 것을 보고 경악과 의분이 일기도 했다. 필자가 내한 선교사의 후손들과 교제하면서, 전혀 예상치 못한 일들이 여전히 발생하고 있다는 점에 대하여 경각심을 가지게 되었다. 이미 선교사 후손들로부터 누군가가 유물들을 지속적으로 요구하고 있다는 말들을 들어오고 있던 터라 각별히 주의를 당부하고 있을 무렵이었다. 필자는 그 후손들에게 그런 식으로 유물을 요구하는 경우는 공식적인 접근이 아니라, 개인적인 유익을 위해 기증받은 유물들을 고가에 팔려고 하는 '도굴꾼' '보물 사냥꾼'과 같다고 주의를 환기시켰다. 현재는 내한 선교사 제위의 후손들이 사적으로 접근하는 모든 시도들을 철저하게 차단하고 있다. 사실, 하나님의 역사를 함부로 다루게 되면 '신성모독'의 죄를 범하게 되고 저주를 받아 패가망신하게 된다.

세 번째로, 한국 기독교 역사와 관련된 유물을 기증을 받는 첫 단계에서부터 공인된 대표자가 공식적으로 진행해야 한다. 지금까지 발생했던 사건들을 돌이켜 보면, 한국 기독교 역사에 대하여 약간의 관심을 가진 개인이 유물을 확보하는 과정에서 기증자의 의도를 무시하고 폄훼한 경우가 대부분이었다고 해도 과언이 아니다. 기증자가 주체가 되어야 하는데 특정 개인이 주체가 되면서 심각한 문제가 야기되었다. 이런 문제를 극복하기 위해서는 처음부터 공인된 대표자가 일을 추진하는 것이 과거의 전철을 반복하지 않는 첩경이 될 것이다.

네 번째로, 공인된 대표자가 기증인과 더불어 유물들의 목록을 작성하고 확인서를 주어야 하며, 사진 등의 공식적인 기록을 남겨서 공공성을 추구해야 한다. 기증자, 공인된 대표자인 수증자, 그리고 해당 기념사업회나 박물관 등이 동일한 목록과 관련 자료를 가지고 있는 것이 유익하다.

다섯 번째로, 공인된 대표자, 즉 수증인의 필요 경비에 대한 세부 규정이 필요하고, 유물을 확보하기 위해 소요되는 비용에 대해서도 공개적이고 투명하게 진행되어야 한다. 불법으로 유출되거나 도굴된 유물이 아닌한, 기증이나 특정 유물을 확보하는 과정에서 발생한 합법적인 지출에 대해서 관련 규정이 필요하다.

여섯 번째로, 기증자의 의도대로 확보한 유물을 전문적으로 보관하기 위한 규정이 시급하다. 유물들은 거의 대부분 오래되어서 개인이 함부로 보관하기에는 파손될 위험이 크다. 확보된 유물들은 전문가의 손길을 거쳐서 공인된 수장고 등에 간수해야 한다.

일곱 번째로, 이런 모든 과정이 원활하게 진행되기 위해서는 관련자 제위가 모두 역사적 사명에 대한 입장을 확고히 할 필요가 있다. 인간은 모두가 불완전하며 망각하기 쉬운 존재임으로 다양한 방법을 통하여 배우고 다짐하며 실천해야 유익하다.

기독교 역사 박물관 관장의 자격과 원칙들

한국의 기독교도 100년이 넘는 역사를 갖다 보니 다양한 형태의 기독교 관련 역사관 또는 기독교 박물관들이 생겨나고 있다. 기독교인의 정체성이요, 의무이며, 사명인 '기억함'(To Remember)을 실천하는 차원에서는 매우 고무적이고 반가운 일이 아닐 수 없다. 이와 관련하여 몇 가지 원칙들을 제시코자 한다.

첫 번째, 기독교 역사관 내지는 기독교 박물관의 관장은 기독교 역사에 대한 올바른 이해와 투철한 역사관을 견지해야 한다. 가능하면 학부나 대학원에서 관련 전공을 한 경우라면 매우 바람직 할 것이다. 아울러 신학을 공부하는 중에 교회사를 전공한 경우가 매우 자연스럽다. 학문적인 배경 못지않게 중요한 것이 현장 경험이다. 이론과 실제를 겸한 경우라면 가장 이상적이라 할 수 있다.

두 번째로, 기독교 역사관 내지는 박문관은 살아 있어야 한다는 투철한 사명감이 필요하다. 교회 역사는 유기적이 생명력이 꿈틀대는 인격체와 같다. 생생한 인격적인 역사를 대하는 태도가 신사적이고 건전해야 역사적인 동행이 순조롭다. 그런 개념이 약한 경우라면 살아 숨 쉬는 역사는 결단코 숨죽이며 가만히 있지 않는다. 그래서 역사 앞에서 두렵고 떨림으로 겸허히 나아가야 하는 것이다. 기독교 역사관 또는 박물관은 살아 있어야 한다! 오래된 유물을 모아 놓은 골동품 전시장을 단순히 관리하는 것이라고 생각하는 사람은 큰 착각이며 절대 관장이 되어서는 안 된다. 역사는 죽여도 죽지 않으며, 왜곡해도 왜곡당하지 않고, 무시하고 망각해도 사장되지 않는다. 왜냐하면 역사는 인간을 통한 하나님의 역사이기 때문이다. 역사를 죽이려면 하나님을 죽은 신으로 만들어야 하는데 이것이 가당키나 한 일인가!

세 번째로, 이 자리가 정치적인 논공행상의 결과물이 되어서는 안 된다. 정치적인 속성이 인간의 욕망이기는 하지만, 그런 성향을 제어하지 못한다면, 역사 박물관의 관장이 될 자격이 없다. 이 부분은 항상 경계하고 또 주의를 기울여야 할 부분이다.

네 번째로, 기독교 역사 박물관의 책임자는 기독교인의 품성을 지닌 인격자로서 섬기는 리더쉽이 몸에 배어 있어야 한다. 모든 것은 결과적으로 인간관계이고 이 부분은 인격이 올바르게 형성되고 객관적으로 검증된 경우여야 한다. 인격과 품성은 기독교 역사 박물관을 살아 쉽 쉽게 하는 기본이 된다.

다섯 번째로, 기독교 역사에 대한 지속적인 열성과 사명감이 투철해야 한다. 이러한 원칙에 근거하여 기독교 역사 박물관을 책임지고 운영해 본 인물이라면 이미 검증이 되었으니 시행착오를 줄이고 안정감을 줄 수 있겠다.

여섯 번째로, 기독교 역사 박물관이 주최하는 상설 활동들과 비상설 특별전 등, 그리고 정기적인 학술활동에 대하여 경험과 노하우를 겸비하고 있어야 한다.

일곱 번째로, '역사는 역사를 부르고, 생명은 생명을 부른다'가 각인되어 생활화되어 있어야 한다.

각 교회의 교회사 서술의 원칙들

한국에 복음이 들어온 19세기 말부터 교회들이 세워지기 시작하였으니 제법 장구한 역사를 가지고 있다. 지금까지 역사가 오래된 교회들을 필두로 해서 개별 교회사들이 기록되어 출간되었다. 필자의 어록 중에 상당히 보편화 된 '기억하면 살고, 망각하면 죽는다'의 교훈을 실천하고 있어 바람직한 일이라고 생각한다. 모든 역사는 현대사이기에 변화하는 사회와 세대에 맞추어 그 시대의 감각과 언어로 다시 기록되어야 한다. 개별 교회사 서술의 몇 가지 원칙들을 제시한다.

첫 번째로, 모든 기독교 역사는 인간을 통하여 시간과 공간 속에서 섭리하신 하나님의 역사라는 사실에 근거해야 한다. 예수 그리스도를 머리로 해서 세워진 모든 교회들은 성삼위 하나님의 역사하심 가운데 있었으며, 특히 성령 하나님의 사역으로 생명력을 유지하였다. 그래서 성령 없이 교회 없다는 말이 사실이 된 것이다.

두 번째로, 첫 번째 원칙에 근거하여, 교회의 주춧돌이요 머리되신 예수님의 아이디어대로 순종하며 움직인 사람들의 순종과 헌신을 기억하면서 항상 성삼위 하나님을 의식하며 서술해야 한다. 이 말은 주객이 전도되어서는 안 된다는 말이다.

세 번째로, 중심성의 원칙이다. 눈에 보이는 사람들의 행적이나 이야기들을 추구하다 보면 특정 인물들에 초점이 맞추어지기도 하는데, 용비어천가처럼 특정인을 미화하거나 심지어 우상화하는 오류를 항상 경계해야 한다. 교회사 서술의 중심에는 사람이나 특정인이 위치해서는 안 된다. 그 역사를 통해서 하나님의 영광이 빛을 발해야 한다. 그렇기 때문에 주님의 이름을 위하여 헌신한 사람들은 순종과 헌신의 흔적만 남고 사라져야 한다. 죽어야 사는 원칙이다.

네 번째로, 객관성의 원칙이다. 전체 역사를 다룬 것을 통사라고 한다면, 개별 교회사는 숲 전체 속에서 한 그루의 나무와 같은 것이다. 그 한 나무에만 집중하느라 전체 숲의 모습을 보지 못하거나 너무 과장되거나 해서는 곤란하다. 개교사 서술의 주관적인 경향은 전체를 보는 객관성을 해치게 됨으로 결과적으로 교회사 서술의 균형이 깨지게 된다.

다섯 번째로, 전문성의 원칙이다. 이것은 전문적인 학문성만을 강조하는 것이 아니고, 올바른 기독교 사관을 가지고 습작을 많이 경험한 인물을 지칭함이다. 전문적인 학자인 교회사 교수는 해당지역의 정서나 분위기에 젖어 있지 않아서 객관적이기는 하지만 공감도가 떨어질 경향이 다분하다. 반면 지역의 상황에 정통한 경우는 모든 면에서 소통할 수 있고 익숙하여 친숙도는 있으나 객관성에 취약할 수도 있음이다. 이 두 영역의 조화가 가장 적합한 모습이다.

여섯 번째로, 포괄성의 원칙이다. 가능하면 각 교회의 교인들을 빠짐없이 언급하는 공간이 필요하다. 그들이 근본이요 몸체이기 때문이다. 여기에는 신생아부터 노인들까지 모두를 포함한다.

일곱 번째로, 논쟁과 반목을 지양하고 화해와 협력을 이루어야 한다. 개교회사 서술은 정쟁이나 논쟁의 대상이 아니다. 기독교적 가치가 실현되는 또 하나의 실천이다.

| 제3장 |

근본이 좋은 목포권 사람들: 초기 기독교 역사의 정착과 성장

'우리의 선교지는 사랑스럽기가 이루 말할 수 없고, 고향인 버지니아의 날씨보다 훨씬 이상적이며, 사람들은 영명하고 친절하여 고상한 품격을 갖추고 있다.'

– 드류 박사와 레이놀즈 선교사 –

세계장로교회의 본산이자 원뿌리,
스코틀랜드 장로교회

존 낙스(John Knox).

'기도는 신실하고 친밀감 있는 하나님과의 소통이다.'
Prayer is an earnest and familiar talking with God.

'주여, 나의 조국 스코틀랜드를 주소서! 그렇지 않으시면 나에게 죽음을 내리소서!'

- 존 낙스 -

미 남장로교회의 전라도 선교를 제대로 이해하기 위해서는 그 원래의 뿌리를 알아야 한다. 종교개혁가들 사이에서 교회 정치 형태에 대한 논의가 진행되는 가운데 존 낙스가 1559년에 오랜 해외 도피 생활을 마치고 스코틀랜드로 돌아와서 1560년에 종교개혁을 이룩하였다.[8] 낙스는 스코틀랜드 장로교 헌법인 '제1치리서'를 통해 거국적인 장로교 국가를 탄생시켰다. 유럽 대륙에서는 작은 도시 국가를 제외하고는 전국 단위의 조직을 만들지 못했다. 하지만 여기에도 문제가 있었는데, 지역 교회 당회와 총회만 존재하였기 때문에 너무 그 간격이 넓고 방대하여 효율적이지 못했다. 이런 문제를 해결하기까지 상당한 시간을 보내야 했다.

앤드류 멜빌(Andrew Melville).

'교회는 예수 그리스도의 가르침에만 충실해야 하며, 세상의 가치에 휘둘려서는 안 된다.'

'하나님을 기쁘시게 하는 일이라면, 나는 언제든지 나의 생명을 바칠 준비가 되어 있다.'

- 앤드류 멜빌 -

스코틀랜드 종교개혁가 존 낙스의 후계자로서 앤드류 멜빌은 1578년

---

8   최은수, *장로교 정치제도 형성사* (솔로몬 1997), 66.

총회에서 총회장으로서 리더쉽을 발휘하여 스코틀랜드 장로교회의 두 번째 헌법인 '제2치리서'를 완성하였다. 그동안 문제점으로 지적되던 개교회 당회와 총회 사이의 간극을 해결하기 위해 노회 제도를 탄생시킴으로 앤드류 멜빌은 '장로교주의의 아버지'라는 호칭을 받게 되었다.[9] 새로운 교회 헌법인 '제2치리서'에 근거하여 세계 최초의 노회가 스털링에서 회집하여 스털링 노회(Stirling Presbytery)가 조직되었다. 앤드류 멜빌은 개혁 인재 양성의 요람인 글라스고 대학을 시작으로 혁신적인 대학 개혁도 주도하였다. 풀뿌리 민주주의의 원조 격인 스코틀랜드 장로교회는 노회 제도의 효시가 되었다.

9 최은수, *언약도* (기독신문사 2003), 14.

전라도 교회의 원천,
미 남장로교회

미 남장로교회 총회 로고.

미 남장로교회 총회는 1861년 12월 4일 조지아주 어거스타(Augusta, Georgia)에서 창립되었다. 좀 더 구체적으로 말하자면, 이미 미국 장로교 내에서 구학파와 신학파가 나뉘어서 대립하고 있었는데, 미국 남부의 구학파를 중심으로 새로운 총회를 구성하였던 것이다. 당시 노예제 문제 등 다양한 요인들이 대두되었다. 미 남장로교회는 세계장로교의 본산인 스코틀랜드에서 형성된 장로교주의 원칙에 충실하였다는 장점이 있다. 비록 구학파의 특성상 신학파의 부흥운동에 대한 입장이 적극적이지는 않았을지라도, 새롭게 형성된 미 남장로교 총회는 국내 전도와 해외 선교에 열심을 다하며 주어진 지상명령을 수행하였다.[10]

---

10   Thomas Cary Johnson, *History of The Southern Presbyterian Church* (Virginia 1894), 336.

전라도 교회의 은인,
윤치호와 언더우드 선교사(Horace Grant Underwood)

윤치호.   언더우드 선교사.

1891년 10월에 테네시주 네쉬빌에서 열린 전미 신학교 선교 연맹(The Inter-Seminary Missionary Alliance) 12차 연례회의에서 윤치호와 언더우드의 연설은 한국선교에 대한 관심을 고조시키기에 충분했다.[11] 특히 윤치호는 미 남감리회 소속의 교인으로서 선교사들의 추천을 받아 네쉬빌에 있는 기독교 사학 명문인 벤더빌트 대학교에서 공부를 하고 있었다. 충직스럽게 조국을 사랑했던 윤치호는 자신의 기독교 수용을 바탕으로 조국의 복음화에 대한 시급함을 역설하였다.[12] 선교사들의 조언으로 일찍이 한국을 떠나서 중국과 일본을 거치며 세계를 바라보는 식견을 넓혀 왔고, 미국 남부지역으로 와서 벤더빌트 대학교의 당국자들로부터

---

11   *The Missionary*, September 1892.

12   Brown, Th. D Dissertation, 69-70.

대단한 환영을 받으며 학문에 정진해 오고 있었다. 그가 중국 상해에서 1887년 3월 23일에 세례를 받으며 했던 말이 의미심장하다.

나는 하나님이 사랑이시며, 그리스도께서 구세주이심을 믿습니다. 과거로 부터 현재까지 세상에 대한 예언들이 문자적으로 성취되어 왔기 때문에, 미래를 향한 예언들도 진정으로 그리 될 줄 믿습니다.[13]

전라도 교회의 또 다른 은인, 언더우드 선교사는 안식년을 맞아 기회가 닿는 대로 한국 선교의 시급성을 알리기에 여념이 없었다.[14] 그는 신학생들에게 다음과 같이 도전하였다.

한국처럼 가능한 많은 선교 일꾼들을 필요로 하는 나라는 없습니다. 한국처럼 사람들이 복음을 간절히 바라고 원하는 나라는 없습니다. 한국에는 삼백 오십 개의 도시들이 전국에 산재해 있고, 각 도시마다 만 명에서 십만 명의 인구가 분포해 있습니다. 오늘날 하나님께서는 교회들에게 말씀하십니다. 일어나라, 행동하라. 선교의 문은 활짝 열려져 있습니다. 세계는 복음을 받아들일 준비가 되어 있습니다. 교회들은 이러한 선교의 시급성을 심각하게 받아들여야 합니다.[15]

---

13 *The Korea Mission Field*, January 1935.

14 Horace G. Underwood, "Address", Report of the Twelfth Annual Convention of the American Inter-Seminary Missionary Alliance (Pittsburgh 1892), 53-54.

15 *Ibid.*

윤치호와 언더우드의 감동을 불러일으키는 연설은 연례회의에 참석한 신학생들을 일깨우기에 부족함이 없었다. 특별히 세 명의 신학생들이 한국선교에 지대한 관심을 갖게 되었고 헌신을 다짐하였다. 시카고 맥코믹 신학교의 루이스 테이트(Lewis Tate), 리치몬드 유니언 신학교의 레이놀즈(W. D. Reynolds)와 카메론 존슨(Cameron Johnson) 등이었다. 미 남장로교 파송 최초의 7인 선교사에 포함되었던 전킨(William M. Junkin)은 그 연례모임에 없었다.[16] 이 연례회의에 참석했던 세 사람이 미 남장로교회 총회 관계자들을 설득하여 한국선교를 시작하도록 강하게 주장했으나, 처음에는 거절되었다. 1892년 2월에 총회가 한국선교를 결정하게 된 직접적인 계기는 언더우드 선교사의 형인 존 언더우드가 $2,000불을 기부한 것이었다.[17]

---

16 *Ibid.* 이 연례회의에 전킨이 참석하지 않았는데도, 어떤 글들에 보면 전킨이 참석하였다고 기술하는 경우가 적잖이 있다. 정확한 사실을 기록해야 되는 바는 아무리 강조해도 지나치지 않는다.

17 Brown, Th. D. Dissertation, 72.

미 남장로교 총회 파송 7인의 선교사와
노회 파송 1인의 선교사

1892년 2월 미 남장로교 총회 해외선교 실행위원회는 한국선교를 결정하였고, 7인의 개척선교사들을 선발하였다. 그들은 윌리엄 전킨(전위렴)과 메리 전킨(전마리아)[18] 부부, 윌리엄 레이놀즈(이눌서)와 팻시 볼링[19] 부부, 루이스 테이트(최의덕)와 매티 테이트(최마태)[20], 그리고 독신 여성선교사인 셀리나 리니 풀커슨 데이비스[21]였다. 1891년 네쉬빌 모임에 참석했던 카메론 존슨(Cameron Johnson)은 그가 속한 이스트 하노버 노회의 파송으로 한국에 오게 되었다. 카메론 존슨 선교사는 노회 파송 선교사 내지는 독립 파송 선교사였던 셈이다. 미 남장로교 총회 파송 선교사로는 리니 데이비스 독신 여성선교사가 1892년 10월 17일 제물포에 도착함으로 최초의 내한 선교사가 되었고, 미 남장로교 이스트 하노

---

18   최은수, '미 남장로교 파송 메리 몬테규 레이번 선교사 연구', *교회와 신앙*, 2021년 2월 1일.

19   *Ibid.*

20   최은수, '미 남장로교 파송 매티 새뮤얼 테이트 선교사의 배경 연구', *교회와 신앙*, 2021년 2월 9일.

21   최은수, '미국 남장로교 파송 최초 선교사 리니 데이비스에 관한 연구', *교회와 신앙*, 2020년 12월 21일. *부경교회사 연구*. 최은수, '최초의 내한 선교사, 셀리나 데이비스', 교회와 신앙, 2022년 3월 23일.

버 노회 파송인 카메론 존슨까지 합하면 두 명이 동시에 '최초'가 되는 것이다.[22]

미 남장로교 총회 파송 7인의 선교사 사진에 설명
까지 붙인 희귀 사진이다. 이 사진에 등장하는
한국인은 아직도 신원확인이 진행 중이다.
이 사진 설명에도 미상이라고 나와 있다.

카메론 존슨 노회 파송 선교사.
미 남장로교 교단의 버지니아
이스트 하노버 노회 파송으로
리니 데이비스 선교사와 함께
최초로 한국에 도착하였다.

---

22   *The Missionary*, January and February 1893; Brown, Th. D. Dissertation, 74-75.

대한제국 주미공사 이채연과 그의 부인 배선 여사, 그리고 리니 데이비스 선교사

미 남장로교 총회 파송 7인의 선교사는 개인적으로 출국을 준비하며 분주하게 움직이고 있었다. 1892년 7월에 리니 데이비스 독신 여성선교사는 '미주 최초의 한인 세례자'이자 미 남장로교 한국 파송 선교사가 주도한 '미 남장로교 최초의 한인 세례자'로 이름을 올렸던 배선 여사의 세례식 관련 모든 과정을 주도하였다.[23] 이채연 공사의 부인 이름이 배선 여사라는 것은 필자에 의해 최초로 밝혀진 것이다. 이 당시 이채연 공사와 배선 여사의 로녹 인근 도시들 방문은 형식상 로녹 대학 공식 방문, 그리고 인근 도시들과의 친선교류였다.[24] 그들은 로녹 대학의 총장인 드레허 박사의 영접을 받으며 공식일정을 시작하였다. 그러는 사이에 살렘에서 가까운 워싱턴 카운티의 아빙돈 출신인 리니 데이비스 선교사가 살렘장로교회의 브릿지 담임목사와 연락하며 비밀스럽게 세례식 일정을 조율하였다.

---

23 *Roanoke Daily Times*, Sun, August 4, 1895. 이 신문기사는 당시 세례식을 집전했던 살렘장로교회 담임 브릿지 목사의 회고 기사이다. 그가 3년여의 시간이 흘러서 당시의 상황을 공개한 것은 주미공사 부부의 보호 차원이었다. 당시 대한제국은 여전히 유교 국가였기 때문에 고위직 외교관이 기독교인이 되었다는 것을 본국에서 알게 되면 정적들의 공격이 있을 것이고, 정치 생명이 위협을 받기 때문이고, 일신상의 안전도 보장할 수 없었다.

24 *Richmond Dispatch*, Sat. July 16, 1892.

왼쪽이 이채연 공사. 오른쪽 사진 중에 오른쪽 사진이 배선 여사이고
왼쪽은 이완용의 부인.

버지니아주 살렘장로교회.

살렘장로교회의 세례자 명부. 배선 여사의 세례기록.

1892년 7월 12일 화요일 밤에 역사적인 세례식이 거행되었다. 리니 데이비스 선교사는 저녁 세례식 전에, 인근 크리스찬버그에 살던 윌리엄 전킨(전위렴) 선교사를 살렘으로 초빙하여 오전과 오후 낮 동안 이채연 공사와 배선 여사를 만나서 신앙적인 대화를 폭넓게 갖도록 배려하였다. 당일 저녁 세례식에는 비밀유지를 위해서 브릿지 담임목사, 세 명의 시무장로들, 이채연 공사와 배선 여사, 그리고 리니 데이비스 선교사만 목사관에 모여서 조용히 이루어졌다.[25] 당시 배선 여사가 미국 워싱턴디씨에서 사내아이를 출산하였는데, 태어난 지 두 달여 만에 신생아는 사망하였다. 그 아이는 미주 최초의 시민권자였던 이화선이었고, 워싱턴 근교에 장사되었다. 배선 여사는 아들을 잃은 충격과 건강상의 이유로 고국행을 결정하였고, 이채연 공사는 리니 데이비스 선교사에게 배선 여사와 동행해 줄 것을 부탁하였다. 배선 여사, 즉 배선 세례교인의 한국행을 알고, 리니 데이비스는 살렘장로교회에 부탁하여 한국장로교회로의 이

---

25 *Roanoke Daily Times*, Sun, August 4, 1895.

명증서를 부탁하였던 것이다.[26] 미 남장로교회 역사상 최초의 한인 세례 교인에게 부여한 이명증서였다.

리니 데이비스 선교사와 배선 세례교인의 동행은 단순한 여행 동반 자가 아니라 목양적인 측면에서의 동행이었던 것이다. 미 남장로교 총 회 파송 7인의 선교사, 노회 파송 또는 독립 선교사 1명, 그리고 배선 세 례교인은 1892년 9월 7일에 미주리주 세인트루이스에 있는 센트럴장로 교회와 그랜 애베뉴 장로교회 등에서 송별회를 마치고 샌프란시스코로 이동하였다. 도중에 전킨 선교사 부부와 레이놀즈 선교사 부부 등 4인 은 전킨의 병환으로 콜로라도주 덴버에서 지체하였다. 미주리주 풀턴 출 신의 루이스 테이트와 매티 테이트 남매 선교사, 리니 데이비스 선교사 와 배선 세례교인, 그리고 카메론 존슨 등 5명은 1892년 9월 15일에 샌프 란시스코를 마주할 수 있었다. 카메론 존슨을 제외한 4인은 향후 미 남 장로교 선교사들이 한국을 왕래할 때마다 유숙하게 될 옥시덴탈 호텔 (Occidental Hotel)에 여장을 풀었다.[27] 와병차 덴버에서 지체하던 4인을 제외한 5인은 1892년 9월 17일에 샌프란시스코에서 일본 요코하마로 가 는 여객선에 승선하여 출발하였다. 전킨과 레이놀즈 등은 1892년 9월 27 일에 출발할 수 있었다.[28]

리니 데이비스와 배선 세례교인, 루이스 테이트와 매티 테이트 남매

---

26   Ibid.

27   The San Francisco Call, Fri. September 16, 1892.

28   The Missionary, November 1892.

선교사, 그리고 카메론 존슨은 1892년 10월 5일 오전에 일본 요코하마에 도착하였다. 배선 세례교인의 병세가 깊어져서, 리니 데이비스 선교사와 카메론 존슨 등 3인은 테이트 남매 선교사를 뒤로하고 한국으로 가는 가장 빠른 배편이 있는 고베로 10월 7일에 출발하여 10월 8일에 도착하였다. 일본 관서지역의 고베 이진칸은 미 남장로교 일본선교부의 중심지였다. 고베 이진칸에서 4일 정도 기다리다가 10월 11일에 고베항을 출발하여 부산 등을 거쳐서 10월 17일 제물포항에 도착하였다. 배선 세례교인을 배려한 리니 데이비스 선교사는 제물포에 도착하기 전에 송별인사를 나누었고, 하선해서는 주변의 시선을 고려하여 선교사들과는 거리를 둔 채, 배선 세례교인은 기다리는 문중의 사람들과 함께 빠르게 이동하였다. 향후 리니 데이비스 선교사와 배선 세례교인이 한동안 교류를 직간접적으로 했다.[29] 배선 여사의 집과 서울 스테이션인 '딕시'가 정반대에 있어서 서로 만나기가 쉽지 않았다. 유교적인 분위기가 생생하게 살아 있는 한양 한복판에서 고관대작의 부인이 외국인을 함부로 만나기도 조심스러웠다. 1898년 6월 9일 오후 4시에 도티(Doty) 양의 집에서 거행된 윌리엄 해리슨(하위렴) 선교사와 리니 데이비스 선교사의 결혼식에 이채연 당시 한성판윤, 즉 서울시장 혼자서 참석했던 이유도 여기에 있다. 미국에서부터 시작된 리니 데이비스와 이채연 부부의 인연은 계속 이어진 것으로 보여진다.

전킨 선교사의 병환으로 출발이 늦어졌던 전킨 부부와 레이놀즈 부부

---

29 최은수, '고베 이진칸: 리니 데이비스와 윌리엄 스크랜턴', *교회와 신앙*, 2024년 12월 23일; *The Missionary*, October 1895 and September 1898.

는 1892년 9월 27일에 일본 요코하마로 출발하였고, 요코하마에서 기다리고 있던 루이스 테이트와 매티 테이트 남매 선교사와 함께 1892년 10월 27일에 요코하마를 출발하여 1892년 11월 3일 오후에 제물포에 도착하였다. 이런 여정의 와중에서도 다양한 사연이 있고 해서 한국 땅을 밟기가 그리 녹록치 않았다.[30]

---

30 *The Missionary*, March 1893.

제4장

목포권이 좋은 땅임을 알아본 전라도 최초의 서양 의사 선교사

알레산드로 다말 드류(Alessandro Damar Drew) 박사 · 언어천재 윌리엄 레이놀즈(William Reynolds) 선교사

'한 명의 복음 선교사가 백만 명의 영혼을! 한 명의 의사 선교사가 오백만 명의 생명을!'

– 알레산드로 다말 드류(유대모) 선교사 –

우여곡절 끝에 서울에 도착한 미 남장로교 총회 파송 7인의 선교사들은 먼저 도착하여 정착해 있던 타교단의 선교사들의 도움을 받았다. 그들은 서대문 안에 있던 전 독일대사의 가옥이자 한동안 알렌 선교사 가족들이 사용했던 거처를 1,200불에 매입하였다. 수리를 마친 이 집은 전킨 가족과 레이놀즈 가족이 거주했고 리니 데이비스 선교사는 하숙하는 형태로 살았다. 루이스 테이트와 매티 테이트 남매 선교사는 기존 선교사 집에 기거하다가 작은 집을 마련하고 이사하였다. 얼마 지나지 않아서 전킨 가족이 거처를 마련하고 이사를 하였다.[31] 서대문 안에 있던 가옥은 미국 남부를 대표하는 명칭인 '딕시'(Dixie)라고 이름을 지었다. 그들은 서울에 정착하는 바쁜 일정 속에서도 미 남장로교 한국선교부를 조직하였고 레이놀즈(이눌서) 선교사를 회장으로 선출하였다.[32]

1893년 1월에는 장로교 공의회가 조직되어 후발주자인 미 남장로교 한국선교부를 배려하여 동 선교부 회장인 레이놀즈 선교사를 초대 공의회 회장으로 추대하였다. 이 공의회는 불필요한 선교적 경쟁을 지양하기 위해서 각 선교부별로 선교지를 할당하였다. 그리하여 미 남장로교 한국

31   Annual Report of the Executive Committee of Foreign Missions, 1893.

32   *The Missionary*, March 1893.

1911년 구약전서 번역에 참여한 성경번역 위원들.
아래 왼쪽이 레이놀즈 선교사.

1911년에 번역된 구약전서 성경 배포.

선교부는 충청도와 전라도의 복음화를 책임지게 되었다.[33] 미국 본토에
서는 북장로교와 남장로교로 분열되어 상호 반목과 질시가 정서적으로
여전한데도 불구하고, 한국 선교지에서는 장로교 공의회를 통하여 연합
을 이룰 수 있어서 향후 본토 장로교의 연합과 일치에 작은 불빛이 되었
다고 할 수 있다. 레이놀즈(이눌서) 선교사는 1892년 7인의 개척 선교사
로 한국에 온 후 1937년 은퇴할 때까지 미 남장로교 한국선교부, 장로교

---

33   Annual Report, 1893.

공의회, 장로교 독노회, 장로교 총회, 목회, 선교지 답사여행, 성경번역, 평양 장로교 신학교 교수, 그리고 신학교 학술지인 신학지남 관련 학술 활동 등 주요한 사역들에 헌신하였다.[34] 레이놀즈는 현장형이라기보다는 학자형과 연구자의 경향이 더 어울렸고, 자신의 특장점을 살려 자신만의 길을 갔던 것이다. 그는 블랙 마운틴과 몬트릿의 은퇴 선교사 마을에서 살다가 1951년 4월 2일에 83세의 일기로 하늘의 부름을 받았다.[35]

알레산드로 다말 드류 박사.　윌리엄 레이놀즈 선교사.

1894년 3월 27일부터 시작된 드류(유대모, 의사) 박사 선교사[36]와 레이 놀즈(이눌서) 목사 선교사의 전라도 답사 여행은 '미 남장로교 선교 스테 이션 선정을 위한 답사'로 불러야 정확하다. 지금까지 레이놀즈의 전라 도 여행 일기만을 중심으로 1894년 답사를 이해하여 왔는데, 이제는 그 런 선입견에서 벗어나서 드류 선교사를 중심으로 보다 정확한 시각에서 바라보아야 합리적이다. 전라도 최초의 서양 의사였던 드류 박사는 지리

34　Brown, Th.D. Dissertation, 93 이후.

35　*Winston-Salem Journal*, April 3 1951.

36　Sophie Montgomery Crane, *A Legacy Remembered* (Franklin 1998).

학적 전문지식을 갖추었고, 아프리카의 탐험가이자 선교사였던 데이빗 리빙스턴과 같이, 그는 전라도의 탐험가이자 현장형 의료 선교사였다.[37]

첫째, 드류와 레이놀즈를 중심으로 편성된 '선교 스테이션 선정팀'은 드류 박사가 주도하여 보고서를 작성하였다는 점에 주목할 필요가 있다. 1894년 6월 30일자로 작성된 선교 스테이션 후보지에 관한 레이놀즈 명의의 보고서가 일자상으로 약간 앞서서 작성되었다. 1894년 7월에 드류는 전라도에 대한 전반적인 보고서를 만들었다. 하지만, '더 미셔너리'(The Missionary) 선교 메거진은 드류의 글을 기반으로 먼저 다루고, 이어서 레이놀즈 명의의 보고서를 게재하였다. 이 두 글의 내용을 살펴보면, 드류의 지리학적 전문지식에 바탕을 둔 서술에 근거하여 '예상 선교 스테이션 지역들'을 제시한 레이놀드의 보고서가 매우 밀접하게 연결된다는 사실을 어렵지 않게 볼 수 있다. 비록 나이는 드류보다 레이놀즈가 8년 정도 어리지만, 레이놀즈가 1892년 7인의 일원으로 먼저 내한하였기 때문에, 선임인 레이놀즈가 '예상 선교 스테이션 지역들'에 대한 보고서를 그의 명의로 했던 것 같다.[38]

---

37 최은수, '호남 최초의 서양 의사, 드류(유대모) 선교사의 1894년 전라도 답사 보고와 새로운 사실들', *교회와 신앙*, 2024년 12월 2일.

38 *The Missionary*, October 1893.

1875년 조선 전국 지도.
미국 위스콘신 대학교 도서관 소장.

　둘째, '더 미셔너리' 선교 메거진 편집자는 1894년 10월호를 통해서 한국(Korea)에 대한 특집편을 게재하였는데, 드류 박사가 작성한 보고서를 기초로 편집하였다. 먼저 드류 박사의 기술을 인용하면서 한국을 소개한 후, 미 남장로교 한국선교가 시작된 배경에 대하여 설명하였고, 드류 박사 명의의 보고서를 중심에 놓고 소개하였다.

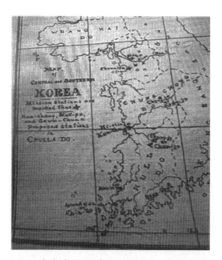

드류 박사의 보고서를 중심으로 한국 특집
으로 편성된 '더 미셔너리' 선교 저널에 함
께 게재되었던 지도. 드류 박사는 지리학에
조예가 깊었으며, 이와 관련된 각종 지도에
도 일가견이 있었다.[39]

　셋째, '더 미셔너리' 한국 특집에 실린 레이놀즈 명의의 '예정 선교 스
테이션들에 대한 설명'도 드류 박사가 기록한 글을 축약해 놓은 것처럼,
문체나 스타일이 각기 다른 저자의 글이라기보다는, 한 사람의 글을 형
식상 두 사람의 명의로 나누어 놓은 듯하게 매우 유사하고 일관성이 있
다. 필자는 드류 선교사가 모든 글들을 작성하였고, 공식적으로 제기한
미래의 선교 스테이션 후보지들을 선정하여 설명하는 부분에는 선임인
레이놀즈 목사 선교사의 이름으로 한 것으로 생각된다. 즉, 드류 박사가
모든 보고서를 작성한 후, 자신의 글에 레이놀즈 선교사의 이름을 올려
발표했을 가능성이 크다는 것이다. 왜냐하면 레이놀즈 선교사가 답사기

39　*Ibid.*

간 동안 작성했던 일기에는 거리표기를 한국식으로 '리'로 했었기 때문이다.[40] 그것도 일관되게 '리'를 사용하였다. 하지만 드류 박사 주도로 작성된 보고서에는 '리'라는 한국식 거리 계산은 전혀 없고, 일관되게 미국식 '마일'로 통일되게 기술되었다. 다른 한 가지 가능성은 드류 박사의 기록에 레이놀즈 선교사가 약간의 첨언 정도 했을 가능성도 있다.

왜 '더 미셔너리'의 편집자가 드류 박사의 보고서에 더 비중을 두고 언급했는지 그의 글을 보도록 하자.

한반도의 남서쪽 귀퉁이에 위치한 지방을 전라도 또는 전라라고 부른다. 전라도와 맞대고 있는 북쪽과 해안선을 따라 펼쳐진 지방을 충청도라고 하며, 이 두 지방이 미 남장로교 한국선교부에 할당된 영역이다. 이 두 지방은 남북으로 약 200마일에 걸쳐서 뻗어 있으며, 폭은 65마일에서부터 넓게는 135마일에 달한다. 평균적으로 동서간의 넓이는 80마일에 달하고, 이 두 지방을 합쳐서 16,000 스퀘어 마일에 달하는 면적이다. 남서쪽으로 황해와 인접하여 약 400마일에 달하는 해안선이 다양한 형태의 지형으로 펼쳐져 있다. 비옥한 내륙으로부터 7개의 강들이 흐르고, 그중에 네 개의 강은 전통적인 배들이 오르내리며 접안할 수 있는 곳들이 포구 마을을 이루고, 농수산물과 수공예품들을 운송하는데 적합하다. 이러한 강들이 흘러서 비옥한 들판을 적시고 그 주변으로 110개에 달하는 크고 작은 도시들과 주요 마을들이 있는 곳이 전라도와 충청도다. 이 두 지방에 속한 바다에는 수천 개의 섬들이 존재하고, 이들 중에 15개에서 20개의 섬들은 규모가 크다. 웬만한 섬

---

40   Diary of William Davis Reynolds, Internet Archives.

들은 거주민들에 의해 잘 개간되어 있으며, 거의 대부분의 섬들에 사람들이 살고 있다.[41]

드류 박사의 해박한 지리학적 식견은 보는 이들로 하여금 경탄을 금치 못하게 한다. 사실 드류 박사는 레이놀즈 선교사 보다 8년 정도 인생 선배이면서 두 사람의 모교인 햄든 시드니 대학의 선후배 사이이기도 하다. 미 남장로교 예상 선교 스테이션 선정이라는 중차대한 답사 여행에 한국에 입국한 지 한 달도 안 된 신참 선교사를 동행시킨 것은 그만한 이유가 있었던 것이다. 레이놀즈 선교사는 이 중요한 답사 여행에 드류 박사가 동행한 것에 대하여 자부심을 가지고 있었으며, 항상 선배이자 지리학에 일가견이 있던 드류 박사를 깍듯하게 예우한 흔적이 곳곳에 목격된다. 레이놀즈 선교사는 이번 여행에 한국어 선생과 다양한 일들을 도울 수 있는 한국인 청년 한 명을 대동하였다. 그 어학 선생은 평소 레이놀즈 선교사의 어학 교육 담당이었던 정혜원일 것이다. 하지만 동행했던 청년의 이름은 알 길이 없다. 이유여하를 막론하고, 이름도 없이 빛도 없이 합력하여 수고한 이들이 하늘의 별과 같이 많았으며, 그들은 모두 한국인이었다. 드류 박사가 주도하고 레이놀즈 선교사의 명의로 정리된 예상 선교 스테이션 후보지들에 대한 기록을 보자.

---

41   A.D. Drew, 'Our Provinces in Korea, Chungchong and Chulla', *The Missionary*, October 1894.

군창(군산)

서울에서 150마일 남쪽에 있으며 바다와 금강하구가 만나는 지점에 위치해 있으며, 전라도와 충청도의 경계에 있다. … 군산에 한 선교 스테이션이 세워져야 하는 이유는 세 가지다. 1. 접근성이다. … 2. 전라도의 중심지인 전주로 선교 물품들을 공급하는 전초기지 역할이다. … 3. 주변 지역에 인구가 많다는 점이다. 두 명의 선교사가 감당하기에 벅찰 정도로 많은 인구가 살고 있다. 우리는 1895년 봄이나 가을 정도에 선교 스테이션이 세워져서 내년 가을 정도에는 사역을 시작하게 되기를 간절히 소망한다.

전주

서울로부터 남쪽으로 160마을 떨어져 있으며 … 인구 규모로는 전국에서 네 번째 정도일 것이다 … 테이트 선교사 남매가 이번 봄에 두 달을 보냈으며, 가을에 되돌아가서 정착하게 되리라 기대한다. 모든 여건이 성숙 되는 대로 드류 박사 가족들이 그들의 뒤를 따라갈 예정이다. 이미 충분한 복음 전파가 이루어졌고, 수백 권의 기독교 서적들이 판매되었다. 이 얼마나 풍성한 추수가 예상되는가?

목포

전주로부터 남서 방향으로 110마일 정도 떨어져 있으며, 해안선에 인접하여 두 말 할 것도 없이 한 폭의 그림과 같이 아름다운 곳이다. 큰 강과 바다가 만나는 수려한 풍경 속에 이 강을 따라서 내륙 깊숙이 닿을 수 있는 곳이기도 하다. 목포의 항구는 수심이 깊어서 대형 선박들이 접안하기에 용이하다. 목포는 전라도에서 수확한 쌀을 실어 나르는 거점 항구 중 한 곳이다. 일본인들이 간절히 염원하는 대로, 목포가 개항이 된다면, 이곳은 굉장히 빠른 속도로 발전할 것이며, 규모가 크고 중요한 곳으로 자리매김 할 것이다. 이렇게 잠재력이 많은 곳에 한 가정이나 두 가족 정도의 선교사들이 들어와서 선교 스테이션을 세우지 못할 이유가 무엇이겠는가? 우리에게 당면한 사안들은 주변의 모든 장애물들을 극복할 선교 인력들과 오래 참고 견디는 성품이 요구되고, 궁극적으로는 목포권 사람들 사이에서 사역자들의 값진 사역을 통하여 유익한 결실을 맺게 되어 모든 사람들로부터 인정을 받게 될 것이다. 목포는 선교 스테이션으로서 더할 나위 없이 이상적인 지역으로 건실하고 아름다운 터전이다. 이 큰 강을 따라서 수많은 사역이 이루어질 수 있으며, 가까이에 산재한 수많은 섬들도 사역자들의 손길을 기다리고 있으니 말이다.

우수영

제물포에서 부산으로 가는 중간 기착지로서 안성맞춤이다. … 사람들이 성문 밖에 마을들을 이루고 살아가고 있고, 주변이 훌륭하게 개간되어 있으며 … 많은 사람들이 기독교 서적에 관심을 가졌고, 복음을 처음 듣는 사람들이 더 알고 싶어 하는 호기심으로 가득 찼다. … 성문 밖 언덕배기에 선교 스테이션이 세워지면 마을을 한눈에 조망하고 동시에 바다와 섬들도 가시권이다. … 이렇게 장점이 많고 건실하며 접근성이 탁월하며 광활한 이곳에 하루라도 빨리 선교 스테이션을 출범시키지 못할 이유가 무엇인가?

순천

우수영으로부터 동쪽으로 100마일 떨어진 곳이다. 순천은 비옥하고 여유가 있는 벌판의 머리 부분에 위치해 있어서 전체적으로 조화로운 아름다움으로 점철된 곳이다. 순천의 성곽, 대문들, 관공서들은 보수공사를 부지런히 하여 정돈되어 보이고, 사람들은 깨끗하고 여유가 넘치고 안정되어 보인다. 전라도의 남동쪽에 위치한 이곳에 선교 스테이션을 개설하는 일은 너무나도 당연하다.

미 남장로교회의 선교 스테이션 선정을 위한 답사 여행을 마치면서 두 가지를 지적하고 싶다. 1. 우리의 선교지는 우리가 정상적으로 사역한다면 너무 모든 면에서 토대가 좋아서 현장의 요구가 많으며, 기대 이상의 풍성한 열매를 추수할 가능성이 높다. … 2. 특별히 추종하는 종교가 없는데도 상당히 종교성이 탁월하다는 것은 엄청나게 충격적인 사실이다.[42]

넷째, 그동안 드류 박사에 대한 행적이 베일에 가려져 있었지만, 최근에 연구된 바에 의하면, 그가 사경을 헤맬 정도의 중한 질병으로 위기를 넘기면서도[43] 건강이 호전되면 호남 선교지로 복귀하려고 부단히 노

---

42 *The Missionary*, October 1894.

43 *The Daily Times*, Fri. January 17, 1902.

력했다는 사실이 밝혀졌다.[44] 그 어간에 드류 박사는 도산 안창호 선생과 이혜련 여사를 샌프란시스코에서 만나서 자신의 집에 머물게 했다.[45] 그의 주선으로 1902년 12월에 '샌프란시스코 크로니클'(San Francisco Chronicle) 기자를 자신의 집으로 초대하여 도산 안창호 선생과 인터뷰를 갖도록 했고, 이것이 1902년 12월 7일자 전면 기사로 실렸다. 이 인터뷰를 드류 박사가 통역을 했는데, 20대 초반의 젊은 청년이 기술하기에는 너무나도 전문적인 한국 지리에 대한 묘사가 상세히 기술된 것으로 보아, 이 분야에 해박한 지식과 관심을 가지고 있었던 드류 선교사의 설명으로 보아야 자연스럽고 합리적이다. 그만큼 드류 박사는 내한 선교사들 중에서 탁월한 지리학적 전문지식의 소유자라고 해도 지나치지 않는다. 이 분야에서는 타의추종을 불허했던 것 같다.[46]

---

44   최은수, '최초의 의료 선교사 다말 드류', *교회와 신앙*, 2023년 6월 9일. 최은수, '최초의 의료 선교사 다말 드류 2', *교회와 신앙*, 2024년 3월 22일.

45   독립유공자 공적정보, 안창호, 독립기념관. 최은수, '드류 선교사의 해외 독립 유공자 추천 자료를 찾아서 2', *교회와 신앙*, 2023년 9월 5일. '호남 최초의 의료 선교사, 드류 박사의 삶 재조명', *한국기독공보*, 2024년 7월 19일.

46   *San Francisco Chronicle*, December 7 1902.

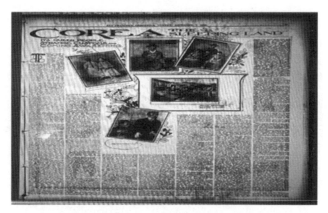

드류 선교사의 주선으로 샌프란시스코 크로니클 기자와
도산 안창호 선생이 인터뷰한 전면 기사.
전문적인 지리 정보는 드류 박사가 기자에게 알려 준 것이다.

　　다섯째, 드류 박사가 죽을 고비를 넘기고 어느 정도 건강을 회복했을
때, 자신의 고향인 영국 잉글랜드를 방문하였다. 특별한 사유가 있어서
라기보다는 일단 요양 목적이었을 것으로 보이며, 이때 그는 한국에서
수집한 한국교회 초기 신앙 문헌들을 캠브릿지 대학에 기증하였다.[47] 드
류 박사는 그만큼 한국과 한국 기독교 관련 책들과 전통 물품들에 대한
남다른 관심을 가지고 있었다. 그는 미국 캘리포니아 오클랜드 박물관에
한국의 전통 물품들을 기증키도 하였다.[48] 그가 뒤늦게 고향 교회와 파송
교회를 방문했을 때도 다양한 소장품들을 전시하여 큰 관심을 끌기도 하
였다.[49] 이런 차원에서 드류 박사는 여타의 선교사들과는 차별되는 독특

47　Cambridge University Library, England, United Kingdom. 해외에 산재한 한국문화
　　재 현황을 파악하기 위해 활동했던 강원대 유춘동 교수 등 연구진 제위의 수고가 컸다.

48　*Oakland Enquirer*, Fri. April 14, 1911.

49　*The News (Lynchburg, Virginia)*, Wed, June 17, 1908.

한 재능을 가지고 있었다.

드류 박사가 영국 잉글랜드 캠브릿지
대학교에 기증한 한국 발행 기독교
서적. 그의 한국식 이름인
'유대모' 인장이 선명하다.

드류 선교사가 미국 캘리포니아 오클랜드 박물관에 기증한 기록.

여섯째, 드류 박사의 탁월한 지리학적 전문지식은 그의 성장 배경에서
자연스럽게 발전된 것으로 보인다. 그는 영국 잉글랜드와 프랑스 사이에
있는 채널 아일랜드의 섬인 건지섬에서 출생하였다. 채널 아일랜드의 크
고 작은 섬들이 군산의 고군산도나 섬이 많은 전라도의 지리와 유사하였
다. 드류 박사의 부친인 토마스 드류 목사가 영국 잉글랜드에서 '근본 감
리교회'(The Primitive Methodist Church) 소속의 목사였기 때문에, 이 교

단의 특성상 야외 집회, 임시 텐트 집회, 순회 집회 등 구령의 열정으로 가
득 찬 부친의 열정과 한 영혼을 찾아 기꺼이 다가가는 모습을 드류 박사
가 어려서부터 보아 왔다는 사실이다. 이런 모습은 1870년 이후 미국 남
부의 버지니아주 메클렌버그 카운티로 이민을 와서 부친이 '근본 감리교
회'에서 미 남장로교 목사로 편목하여 활동하는 가운데서도 동일하게 목
격되었다. 드류 박사가 성장 과정에서 경험한 바다, 섬, 해안, 호수, 바다
로 연결된 강 등 모든 요소들이 호남의 지형과 매우 유사하였고, 그의 지
리학적 전문지식이 상호작용하며 유익한 결과를 낳았던 것으로 보인다.[50]

일곱째, 그의 호남 선교사로서의 정체성, 한국과 호남 선교지에 대한
열정은 식지 않았고, 언제라도 여건이 되면 복귀하려는 마음으로 평생을
살았다. 그는 의사라는 전문직 종사자로서 얼마든지 일신의 영달을 추구
할 수 있었지만, 한국으로 가는 관문인 샌프란시스코를 떠나지 않았고,
특히 한국인과 아시아계 등 이민자들로 넘쳐 나던, 열악하고 슬럼화 된,
이스트 오클랜드를 떠나지 않고, 1년 계약의 렌트, 즉 월세집을 전전하며
한국 이민자들을 도우며 여전히 선교사로 살았던 것이다.[51] 드류 박사는
한국과 한국민들을 섬기며 살다가 의학의 발전을 위하여 시신을 기증함

50   1861 England Census, Guernsey, Channel Islands; John Caknipe, *Images of
America Chase City* (Virginia 2008), 18; Douglas Summers Brown, *Chase City and
Its Environs* (Virginia 1975), 126-128; Susan L. Bracey, *Life by the Roaring Roanoke*
(Virginia 1977), 227.
51   최은수, '드류 선교사의 해외 독립 유공자 추천 자료를 찾아서', *교회와 신앙*, 2023년
8월 7일; 최은수, '드류 선교사의 해외 독립 유공자 추천 자료를 찾아서 2', *교회와 신앙*,
2023년 9월 5일.

으로 마지막까지 모두 주고 떠난 삶을 살았다.

드류 박사는 여러 가구가 사는 작은 월세 집을 전전하며
선교사로서의 삶을 살았다.

제5장

한국교회의 지브롤터
(Gibraltar) 해협, 목포

'목포권 여성들은 우리가 주는 꽃씨들을 받으면서 지극한 대접이라고 생각
하여 항상 최고의 감사를 표합니다. 그들은 이런 작은 선물에도 크게 감동하
여 고마움을 숨기지 않으며, 순수하면서도 내면의 진정한 아름다움을 간직
하고 있습니다.'

- 하리시 의사 선교사의 부인(Myrtle Morris Hollister) -

지브롤터는 유럽 대륙과 아프리카 대륙을 연결하는 중요한 해협이다. 지중해와 대서양이 연결되는 해상교통의 요지이면서, 양 대륙 간 폭이 좁아서 비교적 수월하게 육상교통이 연결되는 지정학적 위치다. 목포가 개항되기 전부터, 러시아 언론들은 목포가 광대한 사이베리아 철도의 종착역이 될 것이라는 기대에 부풀어 있었다. 중국의 신문들도 목포가 매우 적합하고 이상적인 항구라고 칭찬을 마다하지 않았다. 이런 평가들이 나오는 이유는,

1. 겨울에도 얼지 않는 부동항인 점이다.

2. 지정학적으로 수많은 섬들을 맞대고 있으며, 규모가 적지 않은 영산강의 하구에 있고, 유달산 등이 감싸 두르듯이 항구가 보호되고 유사시에 방어하기가 수월하다.

3. 항구의 수심이 14.4미터부터 최대 32.4미터에 이르기 때문에 대형 선박들이 접안하기에 좋다. 프랑스는 이미 압록강에서부터 서울까지 철도 건설 계획을 수립하기 위한 공감대를 마련하였을 정도다. 그렇게 철

도가 건설된다면, 러시아 입장에서 볼 때, 서울에서 목포까지 철도로 연결하는 것은 그리 어렵지 않은 일이었다. 이렇게만 진행된다고 할 경우, 목포는 세계적으로 보아서 가장 크고 위대한 철도 터미널로서 매우 중요한 자리를 차지할 것이었다. 아울러 러시아 입장에서는 목포가 러시아 제국의 지브롤터 역할을 할 수 있어서 거의 무한대의 가치를 지닐 수 있었다.[52]

'더 미셔너리'(The Missionary) 저널은 편집자의 특집 기사를 통해서 목포의 지정학적 중요성을 다음과 같이 강조하였다:

목포는 한반도의 남서쪽에 위치한 항구로 전라도의 일부이다. 목포는 영산 강 하구에 위치하여서 주변의 비옥한 토양에서 생산되는 주요 지역들과 인접해 있고 강을 따라서 내륙 깊숙이 다다를 수 있는 입지를 지니고 있다. … 목포와 주변 지역은 한국의 정원이라고 해도 손색이 없다. … 목포는 부산에서 선박을 이용하여 하루면 닿을 수 있는 곳이며, 러시아의 블라디보스톡에서 일본의 나가사끼 정도의 거리와 비슷하다. … 목포는 육로로 서울에서 250마일 정도 떨어져 있고, 하루 정도의 시간에 나주, 광주, 영암, 순천 등 인구가 밀집되어 있는 지역과의 접근성도 탁월하다.[53]

세계 장로교주의의 아버지이자 스코틀랜드 2세대 종교개혁가인 앤드류 멜빌(Andrew Melville)이 했던 유명한 말이 있다: '스코틀랜드에는 두

---

52 *The Missionary*, November 1896.
53 *The Missionary*, October 1897.

왕국이 존재하고, 두 명의 왕이 계시는데, 예수 그리스도께서 다스리시는 왕국이 유일하고 절대적이다. 눈에 보이는 스코틀랜드 왕국의 제왕인 제임스 6세는 진정한 왕도 아니고, 수장도 아니고, 주인도 아니다. 그는 단지 한 종복이요 한 구성원일 뿐이다.[54] 앤드류 멜빌의 관점에서 볼 때, 세계열강들이 목포를 바라보는 관점이 자국의 이익을 극대화 하려는 시도가 노골적이라는 사실을 금방 알 수 있고, 그만큼 한국교회사의 측면에서도 참되고 궁극적인 주의 나라가 목포에 실현되어 지대한 영향력을 행사하는 거룩한 장소가 되도록, 그런 꿈을 꾸는 사람들이 오고 있었다.

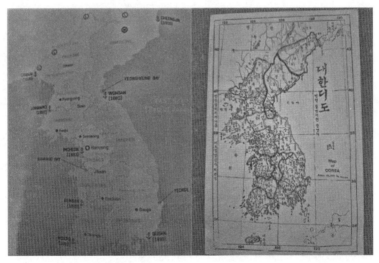

구한말 주요 항구들이 개항된   드류 유대모 박사의 소장품.
연대를 표기한 지도.   드류 선교사는 지리학적 식견이 가장
                                             탁월한 선교사 중에서도 으뜸에 속했다.

54   *The Life of Andrew Melvill, The Scottish Reformer,* Philadelphia: Presbyterian Board of Publication, 74 이후.

제6장

목포의 좋은 땅에 펼쳐진 삼각편대: 복음전도, 의료, 교육

'목포권 사역자들의 신실하고 열정이 넘치는 수고들과 지도자들의 헌신과 사랑을 기억하며 이 모든 역군들을 예비하신 하나님께 감사드립니다.'

– 윌리엄 해리슨, 하위렴 선교사(William Butler Harrison) –

1892년에 한국선교를 시작한 미 남장로교회 한국선교부는 전라도의 행정 중심지라고 할 수 있는 전주를 중심으로 충청도와 전라도에서 맡겨진 복음화의 사명을 감당하려고 고군분투 하였다. 선교사들을 열심히 도우면서 신뢰를 쌓아가던 정해원이 전주로 내려가서 집을 구입하고 복음을 전했다. 이미 전라도를 여행했던 드류 박사와 전킨 선교사는 군산 수덕산 인근에 초가집을 구입하고 복음전도와 의료사역을 일부 시작하였지만 국내외 불안요소들로 인하여 철수할 수밖에 없었다. 이 같은 상황은 전주로 내려와 있던 루이스 테이트(최의덕)와 매티 테이트(최마태) 남매 선교사도 마찬가지였다. 모든 상황들이 진정된 1896년에 군산과 전주에 선교 스테이션들이 설치되어 본격적인 사역을 시작하였다.

열악한 환경 속에서 스테이션 조성과 각자의 사역을 병행하는 가운데 선교사들의 건강은 시간이 갈수록 나빠졌다. 게다가 선교사들의 질병을 책임질 서양의사는 드류 박사가 유일했다. 곧이어 윌리엄 해리슨이 전주에 가서 복음전도와 의료사역을 일부분 담당하였지만, 점차적으로 의료는 접고 목사로서의 직임에 전념함으로 어차피 제대로 된 의사는 한동안 드류 선교사 밖에 없었다. 서양 의술을 익힌 전문 선교사가 있다고 해서 만병이 다스려지는 것은 아니었고, 여전히 선교사들은 풍토병에 시달렸고, 의사인 드류 선교사조차도 질병에서 자유로울 수 없었다.[55] 그래도 서양 의사가 선교부에 있다는 것만으로도 위안이 되곤 했다. 그만큼 드류 선교사의 업무량은 가중될 수밖에 없었다.

1897년 10월 1일을 기해서 목포가 개항이 되자, 나주에 선교 스테이션을 세우려다가 극심한 협박과 위협에 직면하면서, 목포 선교부 개설이 신속하게 결정되었다.[56] 유진 벨(Eugene Bell)이 새로운 선교 스테이션 조성 사업의 책임자가 되었다. 그는 변창연을 보내서 부지 구입을 시도하였다. 유진 벨과 변창연이 목포를 위해서 초기에 중요한 역할을 한 것은 맞지만, 원래 미 남장로교 한국선교부는 군산 선교 스테이션의 윌리엄 전킨, 즉 전위렴 선교사를 통하여 목포에 부지를 마련하려고 계획했었다. 이는 드류 박사와 레이놀즈 선교사가 1894년에 선교 스테이션 후보지 물색을 위해서 전라도를 답사한 후 제출했던 보고서에 근거해서 그런 시도를 했던 것으로 생각된다. 이 보고서 뿐만 아니라 세계열강들이 목포를 전략적 요충지로 생각하고 있었던 점, 그리고 다양한 언론을 통하여 이미 그러한 내용들이 공공연하게 회자되고 있었기 때문에, 미 남장로교 한국선교부와 초기 선교사들이 목포의 중요성에 대하여 충분히 알고 있었던 것이다.

---

55 *The Missionary*의 1896년 이후 기록을 보면 선교사와 가족들이 질병으로 고생하였다.
56 *The Missionary*, June 1897.

목포 선교 스테이션의 삼각편대 중 한 축,
복음전도 사역

'우리의 심장을 요동치게 하는 영적 각성의 분위기가 무르익고 있다'

- 유진 벨 -

전라도에 세워진 군산, 전주, 목포 선교 스테이션들은 처음부터 삼각
편대를 유념하면서 조성되었다. 목포 스테이션 조성의 책임을 맡았던 유
진 벨 선교사도 이점을 분명히 알고 있었기 때문에 자신에게 맡겨진 건
축 사역과 함께 복음전도를 시작하면서부터 의료사역의 중요성을 자주
언급하였다. 당시 한국선교부에서 군산 선교 스테이션에 배치된 드류 박
사가 유일한 의사 선교사였으므로 유진 벨 선교사는 다만 며칠만이라도
드류 선교사가 목포에 와서 의료사역을 펼쳐 주었으면 하는 바람을 자주
표출하였다.[57]

---

57 *The Missionary*, November 1898.

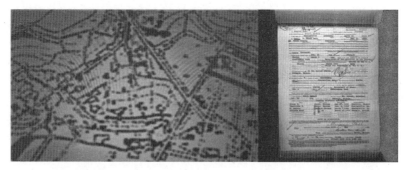

1930년대 목포 양동 언덕의 위치도.　　　　유진 벨이 자신의 출생지 및
가운데 삼각형 모양이 선교 스테이션.[58]　　고향을 쉘비빌이라고 명기한 문서.

　　유진 벨 선교사는 1868년 4월 11일에 켄터키주 쉘비빌(Shelbyville)에
서 윌리엄 헨리 벨과 프란체스 버너블 스캇 벨 사이에서 둘째로 태어났
다.[59] 배유지 선교사의 출생지를 스캇 스테이션(Scott Station)이라고 본
인도 여러 기록들을 통해서 밝힌 바도 있고, 그에 관한 글을 쓰는 작가들
도 탄생지를 스캇 스테이션이라고 하는 경향이다.[60] 하지만 현지 지명상
쉘비빌이라고 해야 정확하다. 왜냐하면 일단 배유지 선교사가 자신의 출
생지를 쉘비빌로 직접 변경하였고, 쉘비 카운티에는 쉘비빌이라는 도시
나 타운만이 존재할 뿐이기 때문이다.[61] 손위로 형이 한 명 그리고 네 명
의 동생들 포함해서 모두 6남매였다. 그는 첫 번째 부인으로 한 살 연상

58　우승완, 천득염, '미국 남장로교 목포, 순천지역 선교기지(Mission Station) 구축에
　　관한 고찰', 호남문화연구, 199.

59　1880 United States Federal Census for Eugene Bell.

60　최영근, '미국 남장로교 선교사 유진 벨의 선교와 신학', 장신논단, 46-2, 143. 최영근
　　을 비롯한 연구자들이 유진 벨의 고향을 스캇 스테이션으로 기정사실화하고 있는 것은 유
　　진 벨 자신이 쉘비빌로 정정하여 기록하고 있는 원자료들을 참고하지 않았기 때문이다.

61　U.S., Consular Registration Applications, 1916-1925 for Eugene Bell.

의 샬롯 인그램 위더스푼 '로티' 양과 1894년에 결혼하여 슬하에 헨리와
샬롯 두 명의 남매를 두었으나 그녀의 갑작스런 발병으로 1901년에 사별
하였다. 1904년에 유진 벨 선교사는 군산 스테이션의 윌리엄 불(부위렴)
선교사의 여동생인 마가렛 휘태커 불과 결혼하여 세 명의 자녀를 두었고
1919년 열차사고로 두 번째 부인마저 잃었다. 그는 줄리아 다이사르트
와 1921년에 결혼했으나, 이번에는 본인이 4년 후인 1925년에 별세하였
다.[62]

유진 벨 배유지 선교사.

　유진 벨 선교사의 첫 번째 부인이 샬롯 인그램 위더스푼(로티)이었는
데, 그녀는 버지니아주 스타운턴(Staunton)에 자리잡은 어거스타 여성
신학교(Augusta Female Seminary)를 졸업하였다. 19세기 여성교육 운동
으로 확산되던 여성 신학교들이 정규 여자대학으로 발전하였다. 이 학교
도 메리 볼드윈 대학(Mary Baldwin University)으로 개명하여 현재에 이
르고 있다. 로티 선교사의 동문들 중에 한국으로 파송되었던 미 남장로
교 선교사는 군산의 전킨 선교사 부인인 메리 레이번 전킨 선교사와, 월

62　U.S., Reports of Deaths of American Citizens Abroad, 1835-1974 for Eugene Bell.

리엄 불 선교사와 군산 선교지에서 만나서 결혼했던 리비 알비 불 선교사가 있다. 군산에서 재회한 메리 레이번과 리비 알비 동문은 본교의 도움으로 학교 건물을 신축하면서 군산 여학교가 메리 볼드윈 여학교, 즉 멜볼딘 여학교로 명명되도록 역할을 다했다.[63]

1898년 8월부터 시작된 유진 벨 가족의 목포 정착은 그리 순탄치만은 않았다. 당시 목포가 개항되어 오래전부터 이때만을 기다려 오던 일본인들이 천여 명 이상이나 몰려들어 갑자기 주요 토지의 가격이 급상승하였고, 인구의 증가는 주거지 문제와 제반 사회기반 시설의 보완이 필수적이기 때문에, 주택 건설 비용이나 인건비가 오를 수밖에 없었다. 배유지 선교사도 처음에는 일본인들과 함께 건축을 시도했지만, 한국인들에 비해서 7배 이상의 비용이 들어서 엄두를 내지 못했다. 당시 목포의 식수 사정이 열악해서 일본으로부터 수입된 물을 비싸게 사서 먹었다.[64]

목포 양동 선교 스테이션에 지어진 유진 벨 선교사의 집.

63   최은수, '메리 레이번'.

64   *The Missionary*, September 1898.

목포 스테이션 유진 벨 선교사의 마당 풍경.

온전한 삼각편대, 즉 복음전도, 의료, 교육(학교) 등의 협력을 통한 지원도 받지 못한 상황에서 유진 벨은 가정, 선교지 조성, 복음사역, 기타 잡일까지 감당하며 바쁜 나날을 보냈다. 목포의 개항에 맞추어 일본인들뿐만 아니라 타지의 한국인들까지 기회를 찾아오게 되면서 인구는 빠르게 증가하였고, 타지에서 이미 기독교 신앙을 수용한 신자들이 목포 교회의 기초가 되었다고 해도 과언이 아니다.[65]

유진 벨의 목포 사역과 향후 그의 전라도 사역을 이해하기 위해서 잠시 언급하고 넘어가야 할 사항이 있다. 미국 북장로교 선교사들에 의해서 수용된 네비우스 선교 방식은 객관적으로 볼 때 새롭거나 독창적인 것이 아니었다. 본서의 초두에 제반 '원칙들'을 다루면서 밝힌 대로 19세기 선교의 위대한 시대를 지나면서 축적된 경험이라고 해야 맞다. 미국 북장로교의 배경이 되는 미국에서도 남북전쟁을 통해서 북부의 양키 군

65 *The Missionary*, September 1898; 우승완 등, '목포, 순천지역 선교기지', 200-201; 송현강, '미국 남장로교 한국선교부의 목포 선교부 설치와 운영' (1898-1940), *종교연구*, 제53집, 258.

대가 남부 연합군에 승리를 거두었고, 미 북장로교가 한국선교도 먼저
했고, 그들의 선교구역이 정치, 경제의 중심지인 평양이나 서울, 경상도
등을 감당하고 있었기 때문에 여러모로 기득권을 가지고 있었다. 사실
지금까지 한국교회사도 미국 북장로교 위주로 기록되어 왔다고 해도 과
언이 아닐 것이다.

목포의 전형적인 도로 풍경.

   미 남장로교 파송 초기 선교사들 가운데 레이놀즈 선교사와 유진 벨
선교사가 미 북장로교의 성향이거나 동경의 정도가 남달랐다는 것이 필
자의 생각이다. 언어 천재 레이놀즈 선교사는 성경 번역의 과정에서 연
합 사업을 감당했으니 외면적으로 그런 경향이 두드러지게 보일 수 있었
다. 물론 전체적으로 볼 때도 레이놀즈 선교사가 그런 경향을 보였던 것
도 사실이었으니 말이다. 유진 벨 선교사도 미 남장로교 파송 복음사역
자로서 주된 임무를 수행하면서도 미 북장로교 선교사들의 기존 사역들
과 특히 그들의 주도로 소개된 네비우스 방식에 대하여 동경하는 마음을
숨기지 않았다.[66] 미국 북장로교의 선교지인 평양에 대한 생각도 마찬가

66   최영근의 글 참조. 유진 벨 선교사는 첫 번째 부인인 로티가 갑자기 타계하자 아이

지였다. 미국 북장로교와 남장로교의 대결 구도를 형성하기 위한 언급이 아니고, 전라도 교회사 속에서 유진 벨 선교사의 사역 경향에 대한 것을 말하면서, 그의 전라도 활동에 대하여 더욱 풍성한 이해로 나아가기 위함임을 밝혀 두는 바이다.

한 가지 흥미로운 사실은 유진 벨 선교사가 동경하던 평양과 평양 사람들이 전라도 사람들을 가리켜서 '신뢰할 수 없다' 등의 표현을 서슴지 않았고 노골적으로 지방색을 표출하고 있었다는 사실이다. 이 같은 내용은 1897년에 목포와 함께 개항했던 평양 인근의 진남포와 비교하면서 '더 미셔너리'(The Missionary) 편집자가 밝힌 글에서 나온 말이기 때문에 객관성이 있는 언급이다.[67] 같은 한국 내에서 이같이 원색적인 지방색이 존재하고 있었다는 점을 미 남장로교 선교사들이나 유진 벨 선교사가 모르지는 않았을 것이다. 그런데도 유진 벨 선교사가 평양과 평양에 기반을 둔 미 북장로교의 전반적인 모습을 크게 동경하였다는 사실은 충분히 오해를 살 만한 일이었다. 어쨌든 유진 벨 선교사는 목포 선교 스테이션을 조성하는 시작부터 미 북장로교의 모델을 따르려고 한 의도를 감추지 않았다.[68]

그런 측면에서 유진 벨 선교사는 한 선교 스테이션을 기반으로 사방

들을 데리고 고향으로 돌아갔는데, 그 어간에 배유지 선교사는 네비우스 선교방식에 대한 글을 선교 저널에 기고할 정도로 열렬한 추종자였다.

67 *The Missionary*, October 1897.

68 *The Missionary*, September 1898.

에 산재한 도시나 시골들을 방문하는 순회사역에 열심을 보였다.

유진 벨 선교사와 해리슨 선교사가 순회사역 및 답사
여행을 위해서 출발하는 모습. 어학 교사와 돕는
자들이 보통 함께 동행. 가족들이 배웅하는 풍경.

배유지 선교사는 미국 남부의 개척정신에 입각하여 무에서 유를 창조
하듯이 자신에게 맡겨진 사명을 혼신의 힘을 다해 수행하였다. 한국 특
유의 냄새가 외국 선교사들에게는 엄청난 충격이고 도전이 아닐 수 없었
다. 한국 사람들이나 목포 사람들은 그런 환경과 분위기 속에서 살아왔
기 때문에 자연스러운 것인데, 전혀 다른 문화 속에서 살던 외국인들에
게는 당장 적응해야 하는 큰 과제가 아닐 수 없었다. 배유지 선교사는 한
국의 분위기에 적응하는 과정에서 특히나 힘들어한 흔적이 역력하다. 이
런 불편을 감수하면서까지 유진 벨 선교사는 목포의 좋은 땅, 좋은 토대
위에서 본인이 먼저 성장하며 사역의 열매들을 목도해 갔던 것이다.[69] 이
미 드류 박사와 레이놀즈가 1894년에 목포를 방문하면서 새로운 전기를
마련하였고, 우수영에서 그들이 경험했던 목포권 사람들의 뿌리 깊은 가

---

69   Eugene Bell to Mother, October 23 1898.

능성은 밝은 서광이었다. 아울러 1897년에 시작된 씨 뿌리는 일들은 무한한 잠재력이 뿜어져 나오는 계기가 되었다.

유진 벨 선교사가 아들 헨리와 함께 농부와
대화하는 모습.

목포 선교 스테이션의 삼각편대 중 한 축, 의료사역

'한국에서 내가 받은 최초의 진료비는 짚으로 엮은 15개의 달걀입니다.'

- 오웬 오기원 선교사 -

오웬(Clement Carrington Owen) 선교사는 1898년 11월 6일에 목포에 도착하여 유진 벨 선교사 가정에서 하숙을 하면서 전라도 생활을 시작하였다.[70]

오웬 오기원 선교사.

오웬 선교사가 짧고 굵은 인생을 강렬하게 살다가 하늘의 부름을 받아서인지는 모르겠으나, 그의 삶과 신앙, 그리고 사역에 대한 뜨거운 관심에 비하여 정확하지 않은 정보들이 적지 않아서 놀라울 뿐이다. 오웬

---

70 Certificate of Registration of American Citizen for Owen.

선교사의 배경에 대하여 잘못된 서술들을 지적하고 정정하면서 목포로 오게 된 두 번째 서양 의사에 대하여 기억코자 한다.

메요(Mayo)에서 출생

첫째로, 그는 1867년 7월 19일에 버지니아주 할리팩스(Halifax) 카운티에 속한 메요(Mayo)에서 태어났고 유년시절을 보냈다.[71] 대다수 연구자들이 그가 메요 태생임을 알지 못하고 단순히 블랙 월넛(Black Walnut)이라고 하나같이 기록하고 있어서 시급히 바로잡을 필요가 있다.[72]

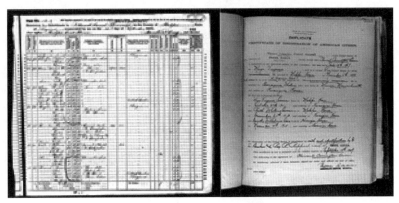

오웬의 가족 관계를 알 수 있는 연방 센서스.   오웬 선교사가 자신의 출생지를
메요로 기록한 공식 문서.

---

71   1870 Unites States Census for Owen.

72   송현강, '남장로교 선교사 클레멘트 오웬의 전남 선교', *남도문화연구*, 29, 162. 송현강은 미 남장로교 역사 관련하여 학문적으로 기여한 바가 크지만, 미국 배경에 대한 서술에서는 종종 오류를 기록하곤 한다. 한국에 선교사로 와서 미 남장로교 선교 역사를 기록한 조지 톰슨 브라운(부명광) 조차도 역사적 사실을 잘못 기록하는 경우가 종종 있다. 이들의 기록에 의존하는 여타의 작가들은 이런 오류들을 그대로 답습하는 경향이다.

오웬 선교사의 출생지이자 유년기 추억이 담겨 있는
메요(Mayo)의 현재 모습. 저 가옥 뒤로 오웬 선교사
가족이 살았던 집의 잔해가 남아 있고,
집 옆으로는 기찻길의 흔적이 존재한다.[73]

상실의 고통을 넘어

두 번째로, 오기원 선교사의 가정 배경에 대한 구체적인 기술이 거의 없거나 피상적이라는 점도 바로잡고 정확하게 기술해야 맞다. 오웬은 부친 로버트 리 오웬(Robert Lee Owen)과 모친 메리 그릭스비 캐링턴 오웬(Mary Grigsby Carrington Owen) 사이에서 첫 번째 자식으로 메요에서 태어났다. 2년 터울로 태어났던 윌리엄과 메리는 어려서 각각 2년과 4년의 짧은 생을 살다가 죽었다. 당시 여전히 어렸던 형이요 오빠인 클레멘트 오웬 입장에서는 정이 들자마자 이별을 맞이했기에 어린 마음에 생

---

73 오웬의 출생지이자 유년기 추억이 담긴 메요(Mayo)는 필자의 연구와 인도로, 순천의 안력산의료문화재단 서종옥 이사장이 함께 최초로 방문하는 쾌거를 이룬 곳이기도 하다.

채기가 클 수밖에 없었다.[74] 이런 슬픔 과정을 거치면서 클레멘트 오웬은 5살 어린 로버트가 태어나서 얼마나 좋았는지 모른다. 하지만 로버트의 생명은 부친의 죽음을 대가로 치른 것이었다. 오기원 선교사의 부친은 1871년 후반부를 전후하여 생사를 넘나들고 있었다. 그런 와중에 모친은 태중에 동생 로버트를 임신하고 있었으니, 1872년 5월 21일에 로버트 레이 오웬이 태어났을 때는 아버지가 이미 타계한 후여서 유복자가 되었던 것이다. 손바닥의 앞과 뒤와 같이 삶과 죽음도 엎치락뒤치락하는 인생사의 얄궂은 현실이었다.

오웬 선교사의 부친은 위장병을 심하게 앓다가 제대로 손을 써 보지도 못하고 사랑하는 가족을 남기고 세상과 이별하였다. 부친 로버트 리 오웬은 1871년 12월 1일에 자신의 병세가 심각하다는 생각에 미치어 그의 부친 윌리엄 리 오웬과 모친 헤리엇 오웬, 그리고 부인 메리 그릭스비 캐링턴 오웬을 배려하여 급하게 유언장을 작성하였다.[75]

오웬 선교사의 부친이 죽음의 문턱에서
급하게 작성한 유언장.

74 North America, Family Histories, 1500-2000 for Owen.

75 Virginia, U.S., Wills and Probate Records, 1652-1900 for Robert Lee Owen.

오웬 선교사의 부친이 직감한대로 그는 1871년 12월 6일에 별세하였다. 어린 유년기에 이미 남동생과 여동생을 떠나보내야 했던 클레멘트 오웬에게는 너무나도 가혹한 상황이 아닐 수 없었다. 더군다나 로버트를 임신 중이었던 모친 메리 그릭스비 캐링턴 오웬에게는 청천벽력과 같은 충격이었다.

헌신적인 어머니

세 번째로, 오웬 선교사의 모친에 대한 허구적인 몰이해와 상상에 의한 기술들을 지양하고, 누구보다도 깊은 상처를 안고 살아가야 했던 한 여성에 대하여 제대로 된 평가가 있어야 한다.[76] 오웬 선교사에 대하여 가장 많이 알려진 이야기는 그가 4살에 부친을 여의고 할아버지의 손에서 성장했다는 것이다. 그래서 그가 1909년 4월 3일에 광주에서 사망한 후 그를 기념하기 위한 오웬 기념각에 조부의 이름인 윌리엄 리 오웬의 이름을 함께 병기한 것이라고 연결해서 생각한다. 이런 멋진 스토리가 굳어져서 기정사실인 것처럼 되는 사이에 오웬의 모친은 잊힌 존재에서 그치는 것이 아니라 자식을 버린 비정한 여인으로 치부되지는 않았는지 냉철하게 되돌아보아야 할 것이다. 오기원 선교사의 모친인 메리 그릭스비 캐링턴 오웬의 입장에서 역사를 올바르게 정립해 보자.

---

76 부명광 선교사나 송현강 등을 위시하여 여타의 연구자들이나 작가들이 오웬의 모친이 자식을 조부모에게 맡기고 재가를 했다는 등의 가정이나 상상은 더 이상 하지 않는 것이 옳다고 본다.

1. 모친 메리 오웬은 짧은 기간에 윌리엄과 딸 메리를 잃었고, 슬픔에서 헤어 나올 틈도 없이 남편이 죽게 되고, 태중에 아기를 수태 중이어서, 설상가상의 위기 가운데 있었음을 직시해야 할 것이다.

2. 1872년 5월 21일에 로버트 레이 오웬을 출산하였고, 여전히 어린 클레멘트 오웬을 돌보면서 남편 없는 집을 지키고 있었다는 사실이다.[77] 물론 홀로된 모친 메리를 위해서 주변의 가족들이 다양한 방식으로 도움을 주었다.

3. 이제 갓 태어난 로버트와 유년기를 보내고 있는 클레멘트 오웬을 양육하느라 모친 메리는 상당 기간 동안 재혼할 엄두도 못 내고 있었다. 더군다나 사내아이 두 명을 키우고 있는 여인의 입장에서 재혼은 쉬운 문제도 아니었고, 당시 남자보다 여성의 인구수가 훨씬 더 많은 성비 불균형이 사회문제가 된 지 오래되었다는 현실도 큰 난관이 아닐 수 없었다. 모친 메리가 3살 연하의 제임스 벨 스펜서(James Bell Spencer)를 만나서 재혼하게 된 때가 1879년 12월 17일이었으니, 남편을 여읜 지 정확히 9년이 지난 후였다. 그것도 모친 메리가 부친의 유언에 따라 집을 비롯하여 어느 정도의 재산이 있었기에 가능한 결혼이었다.[78] 당시 독신이었던 제임스 스펜서가 아들이 둘이나 딸린 연상의 재혼녀와 결혼하여 모친 소유의 집에서 살았고, 모친의 농장을 경작하였다. 오웬 선교사의 의붓아버지가 된 제임스 스펜서는 직업이 농부였고, 모친의 직업은 집을

---

77   Family Histories, 1153.

78   1880 United States Census for Mary Grigsby Spencer (formerly Owen).

지키는 전업주부였다.[79] 한마디로 의부인 제임스 스펜서는 모친 소유의
재산에 몸을 의탁한 모양새였다.

4. 오웬 선교사, 즉 클레멘트 캐링턴 오웬은 모친 메리와 계부인 제
임스와 좋은 관계를 유지하면서 성장해 갔다는 사실이다. 오기원과 같
이 부친을 일찍 여의지 않았더라도, 누구든지 할아버지와 할머니를 통해
서 좋은 영향을 받고 평생 존경의 마음으로 살아갈 수 있음이다. 오기원
이 사랑하고 존경하던 할아버지 윌리엄 리 오웬(William Lee Owen)은
1881년 7월 22일, 즉 그가 14세가 되었을 때 죽음을 맞이하였다.[80] 그의
부친이 죽고 난 후 10년이 채 안 된 무렵이었다. 이미 가족 내에서 연이
은 죽음들로 인하여 충격 속에서 살아야 했던 오기원은 신앙을 바탕으로
강인하게 성장해 가고 있었다. 그의 옆에는 항상 모친과 동생 로버트가
든든한 지지대가 되고 있었으며, 계부인 제임스와 찰스, 네니, 제인, 캐더
린, 마르쿠스 등 5명의 이복 남매들 또한 큰 힘이요 위로였다.[81]

---

79   *Ibid.*

80   Virginia, U.S., Deaths and Burials Index, 1853-1917 for W.L. Owen.

81   Family Histories.

오웬 가족 묘지에 있는 조부 윌리엄 리
오웬의 비석. 가족 묘지 주변에 조부의
저택이 자리 잡고 있으며, 오기원은
조부모로부터 좋은 영향을 받았다.

5. 1892년경 계부 제임스와 모친 메리는 할리팩스 카운티와 메클렌
버그 카운티 주변에서의 생활을 정리하고 락브릿지 카운티(Rockbridge
County)의 렉싱턴(Lexington)으로 이사를 했는데, 오기원의 친동생인
로버트 레이 오웬을 비롯하여 이복 남매들도 함께 거처를 옮겼다. 더군
다나 오웬 선교사도 타지에서 학업을 이어 가던 시기를 제외하고는 모친
과 전체 가족이 있는 렉싱턴에서 살았다.[82]

---

82   Clement Carrington Owen to Frances, February 8, 1898, Lexington, VA.

오웬 선교사가 존경하는 조부모와의 추억이
가득한 할리팩스 카운티와 메클렌버그
카운티를 떠난다고 하는 것이
쉽지는 않았을 것이다.

6. 오웬 선교사의 모친이 1912년 7월 29일에 세상과 작별을 고했는데, 평생을 락브릿지 카운티나 렉싱턴에서 살아온 토박이도 아닌데도 불구하고, 지역 언론이 게재한 추도문은 오웬 선교사의 모친에 대한 모든 오해와 선입견들을 단번에 해결할 수 있는 내용으로 가득 찼다. 모친은 렉싱턴 장로교회의 교인으로서 모범적인 삶과 신앙을 실천했으며, 지역사회를 위해서도 섬김과 봉사의 귀감이 되었다. 그녀는 첫 번째 결혼에서 4명의 아이들을 출산하여 2명을 잃고, 장자인 오기원 선교사는 전라도 광주에서 사역 중에 급성폐렴으로 사망함으로, 로버트만 모친의 임종을 지킬 수 있었다. 두 번째 결혼에서 얻은 찰스도 1909년 오웬 선교사의 사망 다음해인 1910년 7월 10일에 가족과 작별을 고했다.[83]

---

83   Family Histories.

그녀의 임종은 남편과 생존한 모든 자녀들, 그리고 그녀의 한 살 언니인 수잔이 함께하였다. 그녀의 고향인 할리팩스에는 남동생 윌리엄이 생존해 있었다. 모친이 신앙생활을 하던 렉싱턴 장로교회는 미 남장로교회에서 최초로 파송한 7인의 선교사들 중에서 메리 레이번 선교사의 모교회였다.[84] 메리 레이번의 남편이자 7인의 선교사 가운데 한 사람인 윌리엄 전킨도 워싱턴 앤 리 대학교를 다닐 동안 그 교회를 출석하였다. 당시 렉싱턴에 있던 전킨 가문과 레이번 가문이 전위렴과 전마리아 선교사의 혼인을 통하여 이곳에서 연합된 곳이기도 했다. 이런 뜻깊은 곳에서 모친의 모든 가족 구성원들이 교회생활을 하고 있었던 것이다. 사실 오기원 선교사의 모친이 심신이 쇠약해진 데는 1909년에 장자인 오웬 선교사의 죽음과 재혼해서 얻은 첫 아들 찰스의 사망도 한몫하고도 남았을 것이라는 생각이다. 이제 모친에 대한 렉싱턴 가제트의 추도사를 보자.

모든 자녀들이 그녀의 임종을 지켜보았다. … 그녀의 가족은 렉싱턴에 오기 전에 가까이에 있는 글라스고에서 일 년을 살았다. 그녀는 친절함이 자연스럽게 우러나오는 품격을 지니고 있었고, 항상 너그럽고 관용이 넘쳤고, 솔선수범하여 사람들에게 도움의 손길을 펼쳤으며, 평생 동안 자식들을 위해서 헌신적으로 살아온 어머니였고, 좋은 이웃이었고, 경건하고 신실한 기독 교인이었다. 그녀는 렉싱턴 장로교회의 교인이었다.[85]

'렉싱턴 가제트'의 평가 중에 '평생 동안 자식들을 위해서 헌신적으로

---

84 최은수, '메리 레이번'.

85 *Lexiington Gazette*, July 31 1912.

살아온 어머니'라는 이 한마디로 오기원 선교사의 어머니를 둘러싼 부정적인 오해와 추측들이 한방에 사라지게 되어, 한편으로는 시원하고 통쾌하지만, 다른 한편으로는, 모친 메리 그릭스비 캐링턴 오웬 스펜서의 '헌신적인 어머니' 모습이 떠올라 가슴이 먹먹해진다.

스코틀랜드 뉴 컬리지에서 신학 공부

네 번째로, 한국으로 파송된 목사 선교사들과는 다르게, 오웬 선교사는 세계장로교회의 본산인 스코틀랜드로 가서 신학을 시작한 특이한 이력을 가지고 있는데, 그가 신학공부를 한 신학교는 에딘버러의 뉴 컬리지(New College)였지 에딘버러 대학교가 아니다.[86] 교회사는 해당 역사의 사실에 근거해야 한다. 1891년에 시작된 오웬의 신학공부는 뉴 컬리지에서였다. 스코틀랜드 장로교회사를 조금만 유심히 살펴보았어도 실수하지 않을 사안이다. 1843년에 스코틀랜드 장로교회는 스코틀랜드 자유교회와 정확히 두 동강이 나면서 양분되었다.[87] 두 개의 교단이 생기면서 스코틀랜드 자유교회는 신학교들이 필요했다. 그래서 에딘버러에 뉴 컬리지, 글라스고에 트리니티 컬리지, 그리고 아버딘에 크라이스트 컬리지가 세워졌다.[88] 1929년에 양 교단이 다시 합치게 되면서, 이 세 컬리지들은 점차적으로 각 지역의 대학교에 소속되어 교단 목회자를 양성하는

---

86   송현강, '오웬', 163. 저자가 뉴 컬리지를 에딘버러 대학교라고 한 것은 당시의 상황에서는 틀린 것이다.

87   최은수, *세계교회사* (총신대출판부 1999) 참조.

88   J.H.S. Burleigh, *A Church History of Scotland* (London 1960) 참조.

역할을 하게 되었다. 현재도 그 컬리지들의 역할을 정확히 파악하고 용어를 사용해야 한다.

뿌리 깊은 헌신, 봉사, 수고

다섯 번째로, 오웬 선교사가 한국에 대하여 알게 된 시점과 한국 선교사로 나가게 된 동기와 요인에 대하여 정확한 규명이 필요하다.[89] 오웬 선교사의 가정 배경과 신앙 배경에 대하여 알게 되면 어렵지 않게 해결될 사안이다. 이 문제를 명확하게 파악하기 위해서는 세 가지를 유념해야 한다: 1. 미 남장로교 파송 최초의 의료 선교사인 드류 박사의 부친, 토마스 드류(Thomas Drew) 목사와 오웬 선교사 가족과의 관계; 2. 드류 박사와 오웬 목사-의사의 관계; 3. 오웬 선교사의 모친을 필두로 온가족의 렉싱턴 이주.

드류 가문과 오웬-캐링턴 가문의 만남

1. 드류 선교사의 부친인 토마스 드류 목사와 오웬 선교사 가족과의 연관성은 드류 가족의 미국 이민부터 살펴보아야 한다. 1872년 어간에 토마스 드류 목사의 가족은 버지니아의 관문인 노폭(Norfork)에 도착한 후 당시 크리스챤빌(Christianville)이었던, 얼마 지나지 않아서 체이스 시티(Chase City)로 개명된 곳에 정착하였다. 체이스 시티는 메클렌

---

89 송현강, '오웬', 163-165. 저자가 오웬의 한국선교에 대한 지식과 선교사 지원 동기와 요인에 대하여 모호한 입장을 취하고 있어서 역사적 사실에 대한 규명이 필요해 보인다.

버그 카운티에 속해 있었고, 할리팩스 카운티와 이웃한 곳이었다. 여기에 먼저 이민 와서 정착한 오웬(Owen) 가문과 캐링턴(Carrington) 가문이 이 두 카운티 곳곳에서 지역, 카운티, 버지니아주, 심지어 전국적인 스케일로 영향력을 행사하고 있었다.[90] 오웬 가문은 광활한 개척지에서 담배 농사를 대규모로 경작하였고, 오웬 선교사의 출생지인 메요(Mayo)도 그 중심에 있으면서 수확한 경작물들을 실어 나르는 기찻길을 끼고 있었다.[91] 캐링턴 가문도 큰 규모의 플랜테이션을 개척하면서 운용하였고, 광범위하게 정치 등 다양한 분야에서 영향력을 펼쳤다.[92]

드류 선교사의 부친인 토마스 드류 목사는 영국 잉글랜드에서 '근본 감리교회'(Primitive Methodist Church)와 독립교회(회중교회)의 목사였으나, 미국 버지니아 메클렌버그 카운티에 정착하면서 미 남장로교회로 편목하여 목회사역을 이어 갔다. 당시 이민자들이 급증하는 추세였는데 목회자 수급은 인구증가 속도를 따라갈 수 없었다. 이미 영국 잉글랜드에서 근본 감리교회의 특성상 텐트 집회나 순회사역에 익숙해 있던 토마스 드류 목사는 메클렌버그의 체이스 시티를 기반으로 할리팩스 카운티까지 두 개의 지역을 넘나들면서 순회 목회 활동을 펼쳤다.[93] 심지어 토마스 드류 목사는 기회가 되는대로 버지니아주 전체와 이웃한 여타의 주를 넘나들면서 사역하였다. 시간이 갈수록 토마스 드류 목사는 미국 남

---

90 Family Histories, William Washington Carrington.

91 앞에서 언급한 대로, 오웬이 주한 영사관에 제출한 공식 문서를 참조하라.

92 North America, Family Histories, Owen and Carrington.

93 최은수, '다말 드류'.

부를 대표하는 미 남장로교회에서도 대표적인 인물로 두각을 나타냈다. 특별히 메클렌버그 카운티와 할리팩스 카운티에서의 활약은 단연 돋보였다. 이런 그의 목회사역은 자연스럽게 오웬과 캐링턴 사람들과의 긴밀한 목회적 관계로 발전해 갔다. 이 말은 상당수의 두 가문 사람들이 토마스 드류 목사의 목회적 돌봄을 받고 있었으며 직접적으로 해당 지역 교회의 교인들이었다는 사실이다.[94]

드류 유대모 선교사의 부친
토마스 드류 목사.

---

94   최은수, '다말 드류' 2편과 3편.

토마스 드류 목사의 기반인 체이스 시티에 드류 길(Drew Street)이 있고, 드류 목사의 딸이자 드류 선교사의 여동생인 호르텐스 드류의 이름이 두 곳이나 도로명(Hortense Street and Hortense Avenue)으로 사용되고 있다. 그만큼 토마스 드류 목사가 미 남장로교회를 대표하며 버지니아주 곳곳에 선한 영향력을 미치고 있었다.

클락스빌의 도시개발자, 터커 캐링턴

토마스 드류 목사는 오웬과 캐링턴 가문의 유아세례, 세례, 결혼, 장례 등 자신의 목회권 안에서 거행되는 대소사에 관여하였다. 오웬 선교사 모친인 메리 그릭스비 캐링턴 오웬 여사의 큰아버지인 터커 캐링턴(Tucker Carrington)과 그의 가족들은 특별했다. 터커 캐링턴은 1826년에 햄든 시드니 대학을 졸업하였고, 변호사, 정치가, 개발자, 은행가 등으로 광폭의 행보를 보였다. 모친의 큰아버지인 터커 캐링턴은 클락스빌(Clarksville)의 도시설계 및 개발의 대명사였다.[95] 그는 클락스빌을 포함하여 카운티의 커미셔너로, 버지니아주에서 주 상원의원으로 활약하였다.[96] 그는 클락스빌을 개발하는 과정에서 클락스빌 은행의 설립에도 관여하였다.[97]

---

95 Leigh Lambert, 'Sunnyside', Southern Virginia Homefront, 2014.

96 Charles Sterling Hutcheson, 'Boydton in Mecklenburg County, Virginia', *The Virginia Magazine of History and Biography*, Virginia, 1942, Vol. 50, No. 2, 113.

97 Lambert, 'Sunnyside'.

특히 클락스빌의 중심에서 약 1마일 정도 떨어진 곳에 장차 '써니사이드'로 유명해질 땅을 구입하였다. 메클렌버그 카운티와 할리팩스 카운티를 순회하며 목회활동을 하던 토마스 드류 목사와 터커 캐링턴의 가족은 미 남장로교회를 통하여 신앙적으로 자연스럽게 연결되었다. 터커 캐링턴이 1875년 11월 20일에 75세의 일기로 사망한 관계로 토마스 드류 목사와는 짧은 인연이었다.[98] 터커 캐링턴의 부인인 메리 캐링턴 왓킨스가 남편의 죽음 이후 12년 정도(1887년 12월 4일 사망) 더 생존했기 때문에, 토마스 드류 목사와 그녀의 가족들은 매우 돈독한 관계를 이어갈 수 있었다. 클락스빌의 발전을 위해서 살아온 터커 캐링턴과 그의 가족은 거기에 캐링턴-존슨 가족 묘지를 조성하여 현재에 이르고 있다.

써니사이드 여학교

오웬 선교사 모친의 큰아버지인 터커 캐링턴은 생전에 딸만 10명을 슬하에 두었다. 태어난 지 18개월 만에 죽은 여덟 번째 마가렛을 제외하고는 9명의 딸들이 훌륭하게 성장했다.[99] 특히 다섯 번째 아그네스 왓킨스(Agnes Watkins), 여섯 번째 에밀리 이튼(Emily Eaton), 일곱 번째 이사벨라 버너블(Isabella Venable), 열 번째 막내인 밀드레드 호웰(Mildred Howell) 등 네 명의 자매들은 부친 터커 캐링턴이 구입해 놓은 땅에 더해서 450에이커의 땅을 더 확보하였다. 그 자매들은 자신들이 사는 대저택을 여학생들을 교육하는 학교로 만들었는데, 캐링턴 자매들의 보딩 및

---

98 Family Histories, Tucker Carrington.

99 *Ibid.*

데이 여학교(The Misses Carrington Boarding and Day School for Girls) 또는 써니사이드 여학교(The Sunnyside School for Girls)로 불렸다.

이 학교는 1871년 1월 2일에 개교하여 1908년까지, 공식적으로 잡힌 학생 수만 200명이 넘고, 집계가 안 된 여학생들을 합하면 거의 300명 전후가 수학하였다.[100] 19세기 유초등 교육과 청소년 여학생들을 위한 교육이 보편적이지 않던 시절에 캐링턴 자매들의 여학교는 버지니아주와 인근 주들에게까지 소문이 자자할 정도로 평판이 좋았다. 이 학교가 개교하고 나서 초창기에 토마스 드류 목사의 두 딸인 에바(Eva)와 호르텐스(Hortense) 드류 자매가 기숙(보딩)하며 공부하였다. 특히 호르텐스 드류는 체이스 시티에 비슷한 형태의 여학생 기숙학교를 세워서 운영했으며 공립학교가 발전함에 따라 자연스럽게 흡수되었다. 캐링턴 자매들은 토마스 드류 목사를 특별히 배려하여 그가 순회사역을 하거나, 기숙학교에서 공부하던 딸들을 만나러 올 때, 유숙하고 갈 수 있는 공간을 별도로 마련하였다.[101]

---

100   J.D. Eggleston, *The Misses Carrington's Sunny Side School for Young Ladies, 1872-1908* (Clarksville: Virginia 1946), 40-48.

101   *Ibid.*

2024년에 버지니아 주 정부는
써니사이드 여학교를 기념하기 위해서
랜드마크를 설치하였다.

　더군다나 토마스 드류 목사는 1892년에 순회사역이 아닌 클락스빌 장로교회의 정식 담임목사로 청빙됨으로, 써니사이드 여학교가 설립 당시부터 클락스빌 장로교회와 끈끈하게 유지하던 관계가 더욱 공고해지게 되었다. 1871년 써니사이드 여학교의 출범부터 학생들은 클락스빌 장로교회의 예배 등 모든 활동에 참여하였다. 토마스 드류 목사의 아들 드류 박사가 미 남장로교회 파송 최초의 의료 선교사로 파송되기 1년 전에 토마스 드류 목사가 클락스빌 장로교회의 담임을 맡게 되면서, 써니사이드 여학교의 시작부터 이어진 드류 가족들과의 인연을 포함하여, 드류 가족, 여학교, 클락스빌 장로교회로 이어지는 역사적 삼각관계가 더욱 깊고 공고해졌다. 그만큼 드류 가족과 오웬-캐링턴 가문은 공적으로, 사적으로 모든 면에서 뿌리 깊은 유대를 형성해 오고 있었던 것이다. 그렇기 때문에 드류 가족과의 친분은 오웬 선교사에게 목회자의 길을 걷는 데 있어 큰 동기와 계기가 되었던 것이다. 아울러 한국과 한국선교에 대한 정보와 동기유발의 근원이 되고도 남는다.

토마스 드류 목사가 부임하여 건축한
클락스빌 장로교회. 드류 가족, 교회,
써니사이드 여학교의 깊은 유대를 상징하듯
신축된 교회당이 웅장하고 아름답다.

형 유대모와 동생 오기원

2. 드류 박사와 오윈 목사-의사의 관계를 규명할 차례이다. 이것을 통하여 토마스 드류 목사의 영향과 드류 유대모 선교사를 통하여 한국선교의 꿈이 오기원의 삶 속에서 발아하기 시작하였다는 사실을 알 수 있다. 앞에서 살펴본 대로, 오윈 선교사는 태어나면서부터 오윈가와 캐링턴가의 영향을 받으며 성장하였다. 지금까지의 연구에서 볼 것 같으면, 오윈 선교사가 친할아버지인 윌리엄 리 오윈으로부터 양육과 영향을 많이 받았다고 알려져 왔는데, 이 글을 통해서 '헌신적인 어머니'로 평가되는 모친의 존재를 제대로 평가하면서 그녀에 대한 잘못된 이해를 바로잡았다. 더군다나 오윈 선교사의 이력을 볼 것 같으면, 그렇게 영향을 받았다고 하는 친할아버지, 즉 농부로서 대농장을 경영해 온 조부의 이력이 오윈

선교사에게서는 찾아볼 수 없다는 점이다. 반대로, 재발견되어 사필귀정된 모친의 역할처럼, 오웬 선교사는 어머니의 사람들인 외가의 영향을 직접적으로 받았다는 점이 명약관화하게 드러났다.[102]

외할아버지의 이력대로

오웬 선교사는 외할아버지인 윌리엄 워싱턴 캐링턴(William Washington Carrington)의 이력을 그대로 따라갔다고 해도 과언이 아니다. 비록 그의 외조부가 1873년 1월 4일에 64세의 일기로 임종함으로 1867년생인 오웬 선교사와 약 6년 정도밖에 함께할 시간이 없었을지라도, 어린 오웬 선교사의 시각에서 외조부의 모습은 강렬한 기억으로 남게 되었고, 더군다나 '헌신적인 어머니'의 교육을 통해서 닮고 싶은 이상형이 되어 갔던 것이다. 햄든 시드니 대학을 졸업했던 외할아버지와 외조부의 형님인 터커 캐링턴처럼, 오웬 선교사도 같은 학교를 졸업하였다.[103] 더군다나 외할아버지는 버지니아 의과 대학을 졸업하고 의사로 생업을 이어 가면서 고통받는 이웃들에게 인술을 펼쳤던 인물이다.[104] 장차 오웬 선교사도 정확히 외조부의 이력을 그대로 따라갔다. 이런 경향은 드류 유대모 선교사의 이력에서도 느껴진다.

102　Family Histories, William Lee Owen.

103　U.S., College Student Lists, 1763-1924 for W.W. Carrington, Tucker Carrington, Clement Carrington Owen.

104　1870 United States Federal Census for W.W. Carrington.

아무리 외할아버지와 손자의 관계라고 하더라도 빈번한 교류가 없으면 친밀감이 떨어지고 서먹해지기 마련이다. 하지만 오웬 선교사의 외할아버지는 친할아버지와 같은 동네에 살면서 좋은 이웃이자 사돈이었던 것이다.[105] 지금까지 오웬의 어린 시절에 대한 기록들이 그의 친할아버지에게만 집중되어 있었는데, '헌신적인 어머니'의 역할과 함께 늘 가까이에서 살던 외할아버지의 영향도 결코 적지 않았음을 유념해야 한다. 할리팩스 카운티의 클러스터 스프링스(Cluster Springs)에는 오웬 선교사의 친조부모와 외조부모가 함께 살고 있었던 것이다. 외조부인 캐링턴 박사는 '오크 클리프'(Oak Cliff)로 명명된 자신의 저택에 병원을 개설하고 인근 주민들에게 의술을 펼쳤다. 어린 오웬 선교사의 눈에는 의사인 외할아버지의 모습이 굉장히 인상적이었음이다. 클러스터 스프링스에는 오웬가의 가족 묘지와 함께 외할아버지가 만든 '오크 클리프' 가족 묘지가 근거리에 조성되어 현재까지 보존되고 있다.[106]

이제부터는 오웬 선교사의 배경에 대하여 언급할 때, 친조부모의 영향에 대해서만 말하면 안 되고, 오웬 선교사의 인생길에서 좌표가 되었던 외조부모와 '헌신된 어머니'를 동일하게 내지는 더 비중을 두어 다뤄야 한다.

---

105   'Oak Cliff', National Register of Historic Places Registration Form, 2020.
106   Family Histories, W. W. Carrington.

오웬 선교사의 외조부인 윌리엄
워싱턴 캐링턴 박사. 오기원은
외조부의 이력을 거의 복제하듯이
따라갔으며, 심지어 대학과
의대까지도 동일한 학교였다.

오웬 선교사의 친조부모가
잠들어 있는 클러스터 스프링스에
외조부모의 '오크 클리프' 가족
묘지도 인근에 조성되었다.
이것은 외할아버지의 묘비석이다.

드류 유대모 선교사와 오웬 선교사의 인연은 일단 고향이 같고, 드류 가족과 오웬-캐링턴 가문과의 오랜 유대 관계, 그리고 미 남장로교 소속 교회들을 통하여 발전해 갔던 것으로 보인다. 이 두 사람은 모든 면에서 매우 유사한 모습들이 도드라진다. 어린 나이에 오웬 선교사는 부친을 잃었고, 드류 선교사도 미국으로 이민 온 지 5년 정도 만에 모친과 이별을 고했다. 한쪽은 아버지가, 한쪽은 어머니가 유고인 상태였던 것이다. 오기원은 두 명의 동생들과도 이별했고, 유대모도 확실하게는 모친의 사망 이후 여동생 아넷을 떠나보내야 했고, 아직까지도 기록에서 자취를 감추고 있는 에바도 마찬가지였다.[107]

---

107   최은수, '다말 드류' 3.

모두의 이모, 영원한 이모, 수잔 호그 캐링턴

드류 가족과 오웬-캐링턴 가문과의 오랜 관계를 차치하고라도, 어린 시절에 드류 선교사와 오웬 선교사 사이에서 연결고리 역할을 한 인물은 오기원(오웬)의 이모인 수잔 호그 캐링턴(Susan Hoge Carrington)이었다.[108] 오기원의 모친과는 1살 연상의 언니였다. 오기원의 모친이 1866년에 부친과 결혼할 때, 이모인 수잔은 미혼이었다. 어려서부터 1살 터울의 모친과 이모는 자타가 공인하는 절친 이상의 자매로 끈끈한 친밀감을 과시하고 있었다. 그런 견지에서, 허니문 베이비로 태어난 동생의 첫 아들, 클레멘트 캐링턴 오웬(오기원)은 이모 자신의 자식처럼 눈에 넣어도 아프지 않을 만큼 사랑스럽고 귀했다. 오기원이 네 살 무렵 부친 로버트가 위장병으로 안타까운 죽음을 맞이하는 순간에도 어린 오기원의 옆에는 '헌신적인 어머니'와 함께 수잔 이모가 있었다. 그렇게 각별했던 수잔 이모는 1873년 10월 1일에 클락스빌과 체이스 시티의 벤자민 모튼(Benjamin D Morton)과 결혼을 하였다. 당시 남녀성비의 불균형을 그대로 반영하듯이 27살의 이모는 초혼이었던 반면에 47살의 나이에 자녀가 6명이나 딸린 모튼은 재혼이었다.[109]

이모가 결혼할 무렵에 여섯 살이었던 오기원(오웬)은 모친만큼이나 자신을 아껴 주고 사랑해 주던 이모와의 이별이 큰 충격이 아닐 수 없었

---

108   Family Histories, Susan Hoge Carrington.

109   Virginia, U.S., Marriage Regesters, 1853-1935 for Benjamin Morton and Susan Carrington.

다. 어린 조카에게는 클락스빌과 체이스 시티가 그리 멀지 않은 곳이어서 그나마 위안이었다. 수잔 이모는 전처에게서 태어난 6명과 자신이 출산한 5명을 키우면서, 두 명의 아들들을 먼저 하늘로 보내고 세 명의 딸들을 훌륭하게 양육하였다.[110] 그때 체이스 시티를 기반으로 클락스빌 등 주변에서 순회사역을 하고 있던 토마스 드류 목사와 목양적 유대를 형성하면서 체이스 시티 장로교회의 교인이 되었고, 담임목회자의 큰 아들이었던 유대모(드류)와도 이모와 같은 친밀감을 유지하게 되었다. 이모의 연결로 자연스럽게 유대모와 오기원이 친형제 사이처럼 지내게 되었던 것이다. 당시 오기원에게 남동생 로버트는 있었지만 형이 없었기 때문에 8살 연상의 유대모는 든든한 손위 형제로 손색이 없었으므로 친밀감을 가지고 잘 따랐다. 체이스 시티에 이모와 유대모 형이 있었기에 시간이 갈수록 오기원은 기회가 닿는 대로 자주 왕래하였다.[111] 오기원이 외할아버지의 이력을 그대로 되받았듯이, 우연인지는 모르겠으나, 학교와 직업 측면에서 유대모도 오기원보다 먼저 동일한 길을 감으로써, 오기원의 외조부를 중심으로 이 두 사람이 상호 영향을 주고받았음에 틀림이 없다.[112]

---

110   Family Histories.

111   *Virginia Pilot*, December 12 1906을 참조하라.

112   U.S., College Student Lists, 1763-1924 for A.D. Drew and C.C. Owen.

클락스빌의 오크허스트 묘지에 있는 오기원의 이모 수잔 캐링턴의 묘비.
그녀는 주로 체이스 시티에 살다가 1935년 10월 3일에 막내딸의 집에서
90세의 일기로 별세하였다. 유대모와 오기원에게 있어서는
영원히 잊지 못할 이모였다.[113]

　형인 유대모(드류)와 아우인 오기원(오웬)의 친형제와 같은 관계를 엿
볼 수 있는 오웬 선교사의 편지가 있어 이 둘의 관계에 대한 이해를 돕기
위해 인용한다.

　이모께서 항상 관심을 가지고 계셨던 것처럼, 제가 올해 12월에 결혼한다
는 것이 믿기시나요? 저는 제가 결혼한다는 것이 꿈을 꾸듯 하며 현실이 아
니라는 생각이 들기도 합니다. 저는 이모께서 제 삶에 찾아온 새로운 기쁨
에 대하여 저보다 더 기뻐하시고 더 놀라실 것이라고 생각돼요. 제가 아직
경험해 보지 못한 결혼 생활이라서 그런지 사랑의 달콤함이 얼마나 큰지 잘
모르겠어요. 제가 결혼하게 될 자매(조지아나 휘태커)의 사진을 이모에게
보내 드리도록 노력할게요. 그녀는 정말 사랑스런 웃음이 일품이고 그녀의

113　Virginia, U.S., Death Records, 1912-2014 for Susan Hoge Carrington.

웃음은 저에게 행복감을 느끼게 해요.

우리는 한 섬으로 형인 드류 선교사의 가족과 함께 캠핑을 갔었어요. 근데 갑자기 세찬 바람이 텐트와 폴대를 날려버리는 바람에 더 이상 거기에 머물 수가 없었어요. 이 바람은 실로 엄청난 바람이었기에 제 우비조차도 무용지물로 만들어 버렸고 무슨 심각한 재난상황을 보는 것 같았어요. 다행히 아무도 다치지 않았고, 새벽 1시나 2시 경에 무지막지한 바람이 불어서 텐트를 무너뜨렸지만, 어느 한 사람도 위축되거나 비명을 지르거나 하지 않았어요. 왜냐하면 드류 형의 가족과 우리 모두는 오래전부터 끈끈한 관계를 유지해 왔던 가장 이상적인 인연이었으니 말에요. 우리는 드류 형 선교사의 배로 군산으로 돌아왔어요. 거기서 하루나 이틀 뒤에 우리는 공식적으로 약혼식을 하게 되었거든요. 우리는 드류 형 선교사의 집에서 조촐하지만 기억에 남을 파티를 즐겼으며, 드류 형의 안내로 그의 배를 타고 정말 아름다운 곳들을 둘러보았어요. 우리 둘은 드류 형의 배 안에서 주변의 풍경을 보면서 수없이 귓속말로 달콤한 속삭임을 반복했어요. 그녀는 목포로 와서 배유지(유진 벨) 선교사의 가족들도 만났어요. 그리고 우리가 결혼해서 살게 될 집터도 둘러보았어요. 우리는 새집에 대한 계획도 함께 세웠어요.

어느 날 오후에 저는 주변의 지인들을 모두 불러 모아서 라즈베리 식초 음료, 와퍼, 케이크 등을 대접했어요. 저의 이러한 대접에 사람들이 기뻐하며 모두가 우리 두 사람을 진심으로 축하해 주었어요. 이모, 저의 작은 처소에서 처음으로 사람들을 초청해서 그들 모두에게 기쁨을 준 것이 얼마나 뿌듯하고 보람된 일이었는지 아시겠지요? 어제 그녀는 서울에 있는 그녀의 집으로 귀가했어요. 여기에 아픈 사람들이 너무 많아서 제가 언제 그녀를 만나러 서울을 가게 될지 모르겠네요.[114]

이 서신을 통해서 볼 때, 오웬 선교사는 친형과도 같은 드류 선교사에게 결혼할 상대인 미 북장로교 파송 조지아나 휘태커 의사 선교사를 가장 먼저 소개해 주고 싶었음을 알 수 있다. 이 둘의 결혼식은 당연히 신부를 배려하여 서울에서 미 북장로교 소속의 언더우드 선교사의 집례로 1900년 12월 12일에 거행되었다.[115] 하지만 결혼식 전에 오웬 선교사는 드류 형 집에서 약혼식과 파티를 가질 정도로 무슨 일이든 항상 우선적으로 생각하였다. 당시에 미 남장로교회 파송 선교사들도 여럿 있었고, 다른 교단의 선교부까지 합치면 적지 않은 수의 미국인들이 한국에 체류하고 있었다. 그 많은 선교사들 중에서 사적으로 캠핑을 가거나 배로 유람을 다니거나 할 정도로 친밀감이 남달랐던 사람은 오기원(오웬)에게 드류 형밖에 없었던 것이다.

동생의 이름을 아들에게

오기원에게 친형과도 같았던 드류 선교사는 사랑하고 아끼는 동생을 생각하며 자신의 하나밖에 없는 아들이 1895년 8월 1일에 서울에서 태어났을 때, 클레멘트 오웬 드류(Clement Owen Drew)라고 이름을 지을 정

---

114   Owen to Aunt, July 19, 1900, Mokpo, Korea.

115   *Lexington Gazette*, November 21 1900. 결혼식 예고 기사.

도로 오기원(오웬) 아우를 끔찍이도 아꼈다.[116] 드류 유대모 선교사는 슬하에 1남 3녀를 두었다.[117] 오기원과 유대모 두 사람 모두 오기원의 외할아버지인 웰리엄 워싱턴 캐링턴 박사의 영향으로 같은 학교를 나와서 의사가 되었고, 오기원은 토마스 드류 목사를 통하여 감동을 받아서 목사가 됨으로, 이 두 사람은 드류-오웬-캐링턴 가문들의 상호작용을 통하여 결국 한국선교를 위해 헌신하게 되었던 것이다. 이 같은 영향의 구도가 이 둘의 선교적, 목회적 동기였고 꿈의 원천이었다.

서울에서 태어난 클렌멘트
오웬 드류와 그의 누나 루시 다말 드류.

116   California, U.S., Federal Naturalization Records, 1888-1991 for Clement Owen Drew.

117   1910 United States Federal Census for Drew family.

부친 드류 선교사의 친동생과도 같았던 오웬 선교사의 이름을
그대로 붙인 클레멘트 오웬 드류의 묘비다. 드류의 장녀인 루시
다말 드류가 캘리포니아 클리어 레익으로 결혼해서 이주하면서
그녀의 가족들이 클리어 레익 주변에 터전을 마련하고
살아가게 되었다.

한국선교, 전라도 선교의 요람, 렉싱턴 (Lexington, Virginia)

3. 이제 오기원(오웬) 선교사의 모친을 필두로 모든 가족이 락브릿지
카운티의 렉싱턴으로 이주한 사실을 유심히 들여다 볼 차례이다. 이런
과정을 통해서 그가 한국선교에 대하여 오래전부터 충분한 정보를 가지
고 있었고, 이미 동기유발이 되고도 남았음을 알 수 있다. 이 말은 오웬
선교사가 학교를 다니거나 의사 수련을 받는 과정에서 갑자기 한국선교
에 대한 동기유발이 된 것이 아니라는 말이다.

1892년 경 오웬 선교사의 모친과 가족들이 락브릿지 카운티의 렉싱턴
으로 이주하였다.[118] 그녀는 약 1년 정도 렉싱턴 근처에 있는 글라스고에
서 살면서 바뀐 환경에 적응하였다. 대다수 연구자나 작가들이 오기원

---

118 *Lexington Gazette*, July 31 1912.

선교사가 모친인 메리 그릭스비 캐링턴 여사에게 보낸 편지를 찾을 수 없다고 하면서, 모친이 재혼한 후 아들을 친가에 맡기고 연락이 단절된 것처럼 서술하는 것이 대세다.[119] 하지만 오웬 선교사가 자신이 보낸 서신들이 분실되어 제대로 전달되지 못한 경우도 있다고 밝히기도 했듯이, 단순히 모친에게 편지를 보낸 증거가 아직까지 없다고 하여서, 모자간의 교류 단절을 기정사실화하는 것은 심각한 역사왜곡을 초래할 수 있다.[120]

오기원 선교사의 모친 메리 그릭스비 캐링턴 스펜서 여사가 렉싱턴으로 이주하게 된 데는 로버트의 학업도 한몫했던 것으로 보인다. 오웬 선교사의 하나밖에 없는 친동생인 로버트 오웬은 자신의 형처럼 햄든 시드니 대학을 거쳐서 이 무렵에 워싱턴 앤 리 대학(Washington and Lee College)에서 학업을 이어가고 있었다.[121] 조상 적부터 미 남장로교회에서 신앙생활을 하던 모친과 로버트 등 모든 가족들은 렉싱턴 장로교회에 등록하여 충성스러운 신자로서 주어진 역할을 다했다. '헌신적인 어머니'인 메리는 재혼해서 얻은 자녀들을 포함하여 모든 자식들에게 최선을 다했다.

당시 렉싱턴 장로교회에는 버지니아 사관학교(Virginia Military Institute)와 워싱턴 앤 리 대학교의 설립과 운영에 지대한 공헌을 하던 레

---

119 송현강, '오웬'. 송현강을 비롯하여 거의 대부분의 저자들이 이렇게 상상하고 있기 때문에, 역사적 사실에 근거하여 사필귀정이 절실하다.

120 Owen to Little Sister, April 7 1900, Mokpo, Korea.

121 *Lexington Gazette*, December 9 1930.

이번(Leyburn) 가문이 대를 이어 장로로 섬기고 있었다.[122] 미 남장로교 파송 최초의 7인 선교사의 일원인 메리 레이번 전킨 선교사도 레이번 가문의 여식으로서 렉싱턴 장로교회의 교인이었다. 메리 레이번의 남편인 윌리엄 전킨도 워싱턴 앤 리 대학교 출신이었으며, 유명한 학자들을 배출한 전킨 가문의 일원이었다. 렉싱턴 장로교회에는 버지니아주뿐만 아니라 전국적인 명성을 얻고 있었던 레이번과 전킨 가문이 양대 기둥처럼 교회를 떠받들고 있었다. 더군다나 미 남장로교 파송 최초의 내한 선교사인 리니 데이비스 선교사 가문도 렉싱턴에 있는 버지니아 사관학교와 밀접한 관계를 유지하였다. 특히 리니 데이비스 선교사의 외가인 풀커슨(Fulkerson)[123] 가문에 유명한 군인들과 정치가들이 있어서 그 가문의 명성도 렉싱턴에서 회자되고 있었다.[124] 이렇듯, 렉싱턴 장로교회를 다니던 오웬 선교사의 가족들이 한국과 한국선교에 대하여 심심치 않게 소식을 들을 수 있었다. 더군다나 오기원 선교사 자신도 가족들이 있는 렉싱턴에 기회가 되는대로 머물게 되면서 한국과 한국선교에 대한 동향을 파악할 수 있었다.

---

122 최은수, '메리 레이번'.

123 Fulkerson Papers, Washington and Lee University Archives and Virginia Military Institute Archives.

124 최은수, '셀리나 리니 풀커슨 데이비스'.

버지니아주 락브릿지 카운티에 위치한 렉싱턴 장로교회.

오웬 선교사가 1900년 12월 12일에 서울에서 언더우드 선교사의 주
례로 미 북장로교 파송 조지아나 휘태커 의사 선교사와 결혼한다는 소식
도 렉싱턴에 알려져서 그의 모친과 동생 로버트를 통하여 지역신문에 게
재되기도 하였다.[125] 그러므로 오웬 선교사가 모친에게 서신을 보내지 않
았다는 언급들은 반드시 수정되어야 한다. 아울러 오웬 선교사가 급성폐
렴으로 1909년 4월 3일에 사망했을 때도 광주 선교 스테이션의 프레스
턴 선교사가 작성한, 그의 죽음과 연관된 장문의 편지가 모친인 메리 캐
링턴 여사에게 보내졌다는 기록도 있으므로, 오웬 선교사와 모친의 편지
교환 여부를 부정적으로 판단해서는 안 될 것이다.[126]

이상에서 살펴본 대로, 한국에 대한 정보와 한국선교의 동기와 관련하
여, 오웬 선교사는 돈독한 인간관계를 통하여 한국에 대한 정보를 충분
히 접할 수 있는 분위기에서 살았다. 친형과 같은 드류 유대모 선교사와

125   *Lexington Gazette*, November 21 1900.
126   *Ibid.*, May 12 1909.

어려서부터 허심탄회하게 소통하면서 한국선교로의 꿈과 비전을 가지면서 형의 뒤를 따라서 현장으로 달려갔던 것이다. 아울러 모친을 비롯한 가족들이 렉싱턴에 정착하는 것을 계기로 초기 파송 선교사들과의 접촉을 통하여 그는 충분한 정보와 동기유발의 요인들을 견지할 수 있었던 것이다.

목포 선교 스테이션 의료 역사의 시대 구분

목포 선교 스테이션이 조성되기 전에 선구적으로 시작된 군산과 전주를 포함하여 향후 광주와 순천, 그리고 애양원까지 그 시작은 각 선교 스테이션의 '간이 진료소 및 약방'의 단계에서 출발한다. 당시 한국에서도 의료기관의 명칭에 대한 정리가 제대로 표준화 되지 않았고, 다만 전통적으로 한의사들이 '의원'이라는 이름으로 의료활동을 펼쳤기 때문에, 한국인들에게는 의원이 더 친숙했다. 서양 의사 선교사들이 도래하여 의술을 펼치는 현장도 명칭이 제각각이었다. 다만 영어로 표기할 때, 간이 진료소를 클리닉(Clinic) 내지는, 간이 진료소와 약국을 포괄적으로 집약한 디스펜서리(Dispensary)라는 용어를 사용하였다.[127]

---

127   신규환 서홍관, '한국 근대 사립병원의 발전과정 1885년-1960년대까지', *역사학*, 11-1, 2002년 6월, 대한의사학회.

오웬 선교사 당시 목포 스테이션 간이 진료소 및 약방.

　　대한제국의 규정도 명확하지 않아서 전통적으로 쓰여 오던 '의원'이
보편적이었고, 일제강점기 당시도 초기에는 한국의 분위기대로 '의원'으
로 통칭되는 분위기였다. 그러다가 1919년 4월에 '병원'에 대한 규정이
나오기 시작하면서 그 범위가 구체화되기 시작하였다. 이 규정에 따르
면 병원은 최소 10명 이상의 전염병 환자를 격리할 수 있는 병동이 있어
야 했다. 일반병동을 포함할 경우 최소 20병상 규모는 넘어야 했다. 미
남장로교 한국선교부는 임시 간이진료소를 운영하다가 독립된 의료기관
이 각 스테이션에 세워지는 시점을 기해서 '병원'(Hospotal)이라고 불렀
다.[128] 당연히 일제강점기에 감시와 통제를 받던 각 스테이션의 병원들도
1919년 4월 발표된 규정대로 격리병동과 일반병동의 규모를 갖추어야
했다.

128　*The Korea Mission Field*, November 1921.

목포 선교 스테이션 병원.
이 건물 옆에 작은 약방이 별도로 있었다.

목포 선교 스테이션의 프렌치 기념 병원.

목포의 의료 사역을 시대별로 구분하면 다음과 같다.

1. 목포 스테이션 간이 진료소 및 약방 시대
2. 목포 스테이션 병원 시대
3. 찰스 프렌치 기념 병원(Charles W. French Memorial Hospital) 시대, 한자로 부란취 병원
4. 공중보건 전문 센터 시대

목포 선교 스테이션의 삼각편대 중 한 축, 교육 및 소외계층 사역

'우리에게 너무나도 익숙한 실패와 상실이 여전히 삶을 압도하고 있는 듯하
나, 그분의 사랑과 은혜와 넘치는 기쁨이 우리가 섬기는 전라도(목포권) 사람
들에게 역사하여 모든 어려운 환경을 넉넉히 극복하게 되기를 소원합니다.'

- 프레드리카 엘리자벳 스트래퍼(Fredrica 'Rica' Elizabeth Straeffer) -

세계인들의 시각에서 '한국의 정원(Garden)'으로 불리던 목포권, 그곳
에 미 남장로교 한국선교부의 목포 선교 스테이션이 조성되어 본격적인
사역이 시작되었다. 효과적인 종합 선교 단지인 스테이션을 중심으로 복
음사역, 의료사역, 학교와 소외계층 사역 등 삼각편대가 상호 조화를 이
루며 효과적인 결실을 지향하고 있었다. 1897년부터 시작된 한국인 변창
연 조사의 활약으로 시작하여 목포권의 지정학적 위치와 그 사람들의 좋
은 토대를 바탕으로 복음화와 근대화의 역사가 개시되었다. 미 남장로교
회의 선교정책대로 목포권 사람들 위주의 사역을 시작한 유진 벨(배유
지) 선교사 가족을 필두로, 목포를 찾은 최초의 서양 의사 선교사인 드류
(유대모)의 뒤를 이어, 드류 선교사와는 친형제지간 보다 더 유대가 깊었
던 오웬(오기원) 선교사가 합류했다. 그리고 총각 의료 선교사였던 오웬

이 미 북장로교 의사 선교사였던 조지아나 휘팅과의 결혼과 그녀의 합류
는 배유지 선교사의 염원대로 큰 힘이 되고도 남았다.

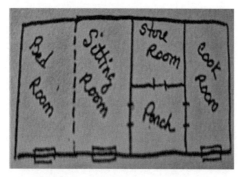

오웬 선교사가 직접 그려서 가족에게 보낸
목포 스테이션의 주택 구조.[129]

이제 마지막 남은 한 축, 즉 교육과 소위계층 사역을 전담할 적임자만
있으면 기본적인 골격을 튼실히 구축하게 되는 시점이었다. 목포권 사람
들의 좋은 토양 위에 여성과 어린이들을 위해서 예비된 섬김이는 프레드
리카 엘리자벳 스트래퍼(Fredrica 'Rica' Elizabeth Straeffer, 서부인)였다.
그녀는 1868년 6월 24일에 오하이오주에서 태어났으며 1939년 인디애나
주의 인디애나폴리스에서 71세의 일기로 생을 마감하였다.[130]

스트래퍼 독신 여성 선교사는 한국으로 오는 당시 선교사의 관문인
일본 요코하마에 도착할 때까지 자신이 군산 선교 스테이션으로 배정된
줄 알고 있었다. 미 남장로교 파송 최초의 내한 선교사인 리니 데이비스

129   Owen to Sister, April 7 1900, Mokpo, Korea.

130   *The Indianapolis News*, Wed., May 19 1939.

선교사가 윌리엄 해리슨 선교사와 결혼하여 전주로 이주하면서 군산 선교 스테이션의 한 축인 여성과 어린이 사역자가 필요하던 때였다. 리니 데이비스 선교사와 동향 출신이면서 최초로 내한했던 노회 파송 선교사인 카메론 존슨 선교사가 당시 사정을 소상하게 공개하였다.[131] 미 남장로교 한국선교부는 군산 선교 스테이션이 가장 먼저 설립된 종합 선교 단지 중 한곳이라 어느 정도 토대가 마련되었다고 판단했던 것이다. 군산과 비교하여 볼 때, 목포는 후발주자로서 이제 막 기초를 튼실하게 구축하고 있었으며, 부임 당시 31세의 스트래퍼 선교사가 다양하고 전문적인 경력이 풍부하여서 신생 선교 기지의 기초를 굳건히 하는 데 있어 가장 적합한 인물이라고 본 것이다.

스트래퍼(서부인) 선교사.

스트래퍼 선교사는 오하이오주에서 출생하였지만, 가족 모두 켄터키주 루이빌로 이주함으로 그녀의 전문적인 사역은 이곳을 중심으로 펼쳐졌다.[132] 그녀가 루이빌 출신이라고 하면 목포 선교 스테이션의 개척자인

131   *The Missionary*, April 1900.

132   *The Courier-Journal (Louisville, Kentucky)*, Sat, May 20, 1899.

유진 벨 선교사와 그의 첫 번째 부인인 로티 벨 선교사를 연상할 것이다. 유진 벨 선교사 부부도 켄터키 루이빌과 인연이 깊기 때문이다. 필자도 처음에는 스트래퍼 선교사의 목포 선교 스테이션 부임을 보면서 동향인 선임 선교사와의 지연관계를 생각해 보았으니 말이다. 어찌 되었든 향후 목포 스테이션의 의료 선교사로 오게 될 포사이드(보의사) 선교사도 켄터키 출신이었으니, 초기 목포 선교 기지의 터전을 공고하게 일구는 데 있어서 켄터키 출신들의 활약이 적지 않았다.

스트래퍼 선교사의 한국선교 동기는 미국 국내의 교회사역과 기관사역을 통하여 점진적으로 구체화되었다. 켄터키 루이빌 소재의 한 신문은 그녀의 한국행을 보도하면서 다음과 같이 언급하였다.

> 스트래퍼 양이 미 남장로교 파송 한국선교사로 지원하게 된 데는 그녀의 오랜 기도와 묵상을 통해서 하나님의 인도를 받았기 때문이다. 그녀가 하나님의 부르심에 순종하고 나서 가장 먼저 한 일은 무디 성경 학교에서 1년을 공부한 일이었다.[133]

미 남장로교 파송 초기 선교사들 가운데 무디 성경 학교(Moody Institute) 출신은 스트래퍼 선교사 외에는 없었다. 특히 독신 여성 선교사들 가운데서는 거의 유일한 경우다. 대다수 선교사들은 미국 남부의 장로교 계열의 학교 출신이었다. 그녀는 젊은이들의 헌신을 지원하기 위해서 1881

---

133   *Ibid.*, Mon, August 28, 1899: *Marysville Bulletin (Marysville, Kentucky)*, Thu, August 31 1899

년 메인주의 포틀랜드에서 프랜시스 에드워드 클락에 의해서 설립된 면
려운동(The Christian Endeavor Movement)에 적극 참여하였다. 스트래
퍼는 켄터키 주 전체를 섬기는 켄터키주 면려연합회의 총무로 오랫동안
헌신하였다.[134] 이와 더불어 스트래퍼 선교사는 파송교회인 루이빌 소재
하이랜드 장로교회의 사역에도 열심이었고, 지역사회를 섬기는 모든 일
에 열성적이었다. 그녀가 이렇게 광폭의 사역을 펼치면서 이미 유명인
사가 되어 칭송이 자자하였다. 스트래퍼 선교사가 일단 7년 정도의 기간
으로 한국 선교를 위해 헌신할 것이라는 소식이 알려지자 지역 언론들이
앞다투어 보도하였다.[135] 아울러 그녀가 한국으로 가는 모든 일정과 첫
인상까지도 놓치지 않고 주요 신문들이 독자들에게 소개하였다. 그만큼
스트래퍼의 유명도는 세간의 관심을 끌기에 충분할 정도였다.[136]

일본 요코하마에서 스트래퍼 선교사의 임지가 군산에서 목포로 변경
되었다는 소식을 접하고 상당히 당황스러웠지만, 그녀는 이미 베테랑 전
문사역자로서 경력이 풍부했기 때문에 그리 당황할 일은 아니었다. 그
래도 첫사랑처럼 군산을 마음에 품고 태평양을 건너 왔기 때문에 군산에
서 진행되는 사역에 대하여 특별히 관심을 보이곤 했다. 그녀가 목포에
도착한 이후 처음 기록한 글에서 군산에 대한 애정을 숨기지 않았다: '군
산에서 한 주일에만 46명의 남녀노소의 사람들이 교회를 찾았고, 학습을

---

134   *Lexington Herald-Leader (Lexington, Kentuckey)*, Sat., January 13, 1900. *The
Courier-Journal*, Fri, May 19, 1899; Sun, May 21, 1899.

135   *The Courier-Journal*, August 28, 1899.

136   *Lexington Herald-Leader*, January 13 1900; *The Courier-Journal*, March 18 1900.

받으려고 사람들과 세례를 갈망하는 사람들의 열심이 대단했다.[137] 서부인(스트래퍼) 선교사는 목포에서의 변화들도 다음과 같이 기술하였다.

> 목포에서 사람들의 관심이 급상승하고 있다. 본 선교사가 특별히 관심이 많은 목포의 여성들 사이에서 관심이 고조되고 있어 기대가 된다. 목포의 여성들이 아직은 복음에 대하여 전혀 알지 못하고 완전 초보 단계임으로 이런 여성들을 위해서 성경이야기들을 잘 전하여 그들의 삶에 적용하고 이 생뿐만 아니라 내세에 대한 소망을 가지고 살게끔 준비를 잘해야 되겠다는 열망이 크다.[138]

스트래퍼 선교사의 집.

1899년에 갑자기 목포 선교 스테이션으로 임지가 바뀌고 한창 종합 선교 기지가 조성 중인 곳으로 갔을 때, 켄터키 출신의 유진 벨 선교사와 로티 벨 선교사 부부 가족 그리고 총각 의사 선교사인 오웬이 있었다. 오

---

137 *The Missionary*, October 1900.

138 *Ibid.*

웬 박사가 스트래퍼 선교사보다 한 살 연상이었다. 군산 선교 스테이션에서 윌리엄 불(부위렴) 선교사가 버지니아주 스톤턴 출신의 리비 알비 선교사와 사랑의 결실을 보았듯이, 오웬과 스트래퍼도 그럴 가능성이 없지 않았으나, 신생 선교 스테이션이라 사역이 바빠서 정신이 없기도 했고, 하늘이 정해 준 인연이 아니면 성사될 수 없는 노릇이었다. 오웬 선교사는 1900년 12월에 미 북장로교 소속의 조지아나 휘팅 의사 선교사와 백년가약을 맺었고, 스트래퍼 선교사는 평생 독신으로 살면서 봉사하고 헌신하였다.

스트래퍼 선교사는 켄터키 루이빌 출신인 로티 벨 선교사와 고향 친구를 만난 듯 서로를 의지하며 지내서 그랬는지는 모르겠으나, 그녀는 루이빌에 사는 부친에게 보낸 편지에서 '저는 고향에 대한 그리움도 없고 전혀 외롭지 않습니다'라고 썼다.[139] 사실 동향 출신의 친구가 곁에 있고, 로티의 어린 두 남매도 있으니 서로 친가족처럼 지냈으므로 그럴만하다. 스트래퍼 선교사에게 1901년 4월 12일은 평생토록 잊히지 않는 충격의 날이었다. 유진 벨 선교사는 순회사역차 출타 중이었다. 4월 10일 밤에 로티 벨 선교사는 극심한 머리 통증을 호소하며 가까운 방에 있던 스트래퍼 선교사를 불렀다. 사실 로티 벨은 수년 동안 두통으로 고생하고 있었으나, 아이들을 키우고 사역에 바쁘다 보니 제대로 된 치료를 받지 못했다. 스트래퍼는 사태의 심각성을 인지하고 오웬 의사 선교사와 그의 부인 조지아나 휘팅 오웬 의사 선교사를 급히 호출하였다. 의사 두 명이 로티 벨 선교사를 위해 최선을 다했지만 4월 12일에 하늘의 부름을 받았

---

139   *The Courier-Journal*, March 18 1900.

다. 아직도 엄마의 사랑과 보살핌이 필요한 헨리와 샬럿 남매를 남겨 두고 말이다.[140] 로티 벨 선교사는 4월 19일에 현재의 양화진 외국인 묘지에 안장되었다.

로티 벨 선교사가 별세한 후 수년이
지나고 나서 찍은 유진 벨 선교사 가족사진.

로티 벨 선교사의 갑작스런 죽음은 교파를 초월하여 모든 선교사들에게 큰 충격이 아닐 수 없었다. 특히 신생 선교 스테이션으로 자리를 잡아가던 목포는 시련의 계절을 맞이하였다. 유진 벨 선교사는 자녀들을 데리고 미국 고향으로 돌아갔고, 목사이면서 의사 선교사였던 오웬도 격무에 시달리다가 병을 얻어 요양차 미국으로 갈 수밖에 없었다. 이런 큰 위기 속에서도 스트래퍼 선교사는 베테랑 전문인 사역자답게 자신에게 맡겨진 일들을 감당해 나갔다. 켄터키주 루이빌의 언론들이 그녀에 대한 기사를 작성하면서 어김없이 되뇌는 문구가 있다: '스트래퍼 양은 가장

---

140   *The Climax-Madisonian(Richmond, Kentucky)*, Wed, May 29 1901.

헌신되고 성공적인 면려(CE) 운동가였고, 선교사로 파송된 한국에서도 그 이상의 활약을 펼쳤다.'[141]

　이런 기대대로, 스트래퍼 선교사는 목포 선교 스테이션에서 여성과 아이들, 즉 당시 소외되고 무시당하던 계층을 위해서 중단 없는 사역을 감당하였다. 심지어 그녀는 사역의 피로를 덜고자 떠난 휴가 중에도 여성들과 아이들에게 복음을 전하며 소임을 다했다.[142] 사실 유진 벨 선교사와 오웬 의사 부부가 없는 동안, 독신 여성 선교사가 홀로 선교 스테이션을 지키고 있는 것이 옳지 않다고 한국선교부가 판단하여 일시적으로 폐쇄되기도 했다. 이런 위기가 목포 스테이션에는 비교적 주기적으로 있었다. 그럴 때마다 목포권 사람들은 근본적으로 좋은 토양 위에 있었으므로 의타적이지 않았고 위기를 기회로 만들면서 오히려 더 부흥하고 발전하는 면모를 여실히 보여 주었다.

141　*The Courier-Journal*, March 18 1900.

142　*The Missionary*, October 1902, dated on November 28 1901.

로티 위더스푼 벨 기념 예배당. 목포교회 교인들이
5분의 4의 건축비를 헌금해서 완공.

미국으로 갔던 두 선교사 가족이 복귀한 후, 다시금 삼각편대의 면
모를 갖춘 목포 선교 스테이션은 정식으로 1903년에 남학교(School for
Boys)와 여학교(School for Girls)를 개교하였다. 여학교는 스트래퍼 선
교사가 맡아서 탄탄한 기초를 마련하였다. 향후 목포여학교는 일제 강점
기를 거치면서 목포정명여학교로,[143] 미국 맥컬리 가문의 후원을 받아서
'맥컬리 여학교'(McCallie School for Girls)로 불리기도 했다. 남학교는
목포남학교로 불리다가, 미국 사우스 캐롤라이나 스파르탕버그 장로교
회의 목사였던 존 왓킨스를 추모하며 '존 왓킨스 아카데미'(John Watkins
Academy)로 불렸으며[144], 목포영흥학교로 자리매김했다. 목포의 두 학
교도 선교 스테이션의 상황 변화에 따라서 기회와 위기를 번갈아 경험하

---

143   김승태, 일제강점기 종교정책사 자료집, 기독교편 1910-1945, (서울 1996), 410-
411.

144   Dr. J.S. Watkins, Our History, The First Presbyterian Church of Spartanburg,
Spartanburg, South Carolina.

며 저력 있게 역사의 소용돌이를 헤쳐 나갔다.

스트래퍼 선교사와 여학교 재학생들.

학업에 정진하고 있는 여학교 학생들.

목포 선교 스테이션 전경.

목포 남학교와 여학교 발전에 헌신한
유서백 선교사와 유애나 선교사.

스트래퍼 선교사는 목포에 이어 광주 선교 스테이션의 기초를 놓는데
도 일익을 담당했다. 처음부터 스트래퍼 선교사는 7년 후원 약정을 정해
놓고 파송을 받았다.[145] 그녀가 내한한 해부터 사역을 마치고 귀국한 해
를 계산해 보면 만으로 7년이라는 사실을 어렵지 않게 파악할 수 있다.
스트래퍼 선교사를 파송한 켄터키주 루이빌 소재 하이랜드 장로교회는
그녀의 7년 사역을 후원하기 위해 최선을 다했다. 파송교회인 하이랜드
장로교회의 한국선교는 1893년에 부임하여 건강한 목회사역을 감당하
던 하웨스(Rev. Dr. T.M. Hawes) 목사의 리더쉽 덕분에 가능했다. 그가
부임했을 당시 200명이던 교인은 10년 어간에 464명으로 늘었으며, 44명
의 교인들이 이 땅에서의 순례를 마감했다. 하웨스 목사는 50명의 교인
들을 파송하여 제임스 리스 기념 장로교회를 개척하여 건강한 교회로 자

---

145 *Maysville Bulletin*, Thu, August 31 1899.

라 가도록 기도와 후원을 아끼지 않았다. 미 남장로교회 내에서도 하웨스 목사의 개척방식이 모범사례로 꼽힐 정도로 귀감이 되었다. 그의 목회리더쉽으로 하이랜드 장로교회는 4,000불 상당의 교회당 건축에 사용된 빚을 모두 갚았고 내외적으로 괄목할 만한 결실을 맺었다. 하이랜드 장로교회의 하웨스 목사는 전체적인 목회의 균형을 맞추기 위해서 7년 약정의 한국선교 후원을 통해 교회의 역량을 집중하였던 것이다.[146]

스트래퍼 선교사는 목포에서 교육 및 소외계층 사역의 주춧돌을 튼실하게 깔아 놓았다. 그만큼 목포권 여성들과 어린이들의 토양이 좋았다. 이런 조화가 만들어 낸 결실이 풍성하게 나타났던 것이다. 새로운 선교 스테이션인 광주로 가서 또 다른 기초석을 놓고 있을 무렵, 그녀는 루이빌 상공회의소로부터 홈커밍 초대장을 받았다. 당연히 미 남장로교회의 해외선교 실행위원회와 파송교회의 협조를 통해서 이루어진 계획이었다. 사실 스트래퍼 선교사가 7년 약정의 선교사역을 감당하고 있었기 때문에, 장기 선교사들처럼 정상적인 안식년을 가질 수 없었다. 그녀가 약 5년 만에 특별한 안식년을 갖게 된 것은 상당히 이례적인 일이었다. 보통 선교사들이 지병이 있거나, 직계가족의 장례가 있거나, 특별 용무가 아닌 한, 이런 식의 안식년은 거의 불가능한 일었다. 그만큼 스트래퍼 선교사가 파송 이전에 펼쳤던 미국 내 사역을 통해서 일찍이 헌신과 희생의 대명사가 되었었다는 점, 그리고 비록 목포에서의 사역 기간이 비교적 짧았지만, 목포권 소외계층들을 위해 섬기고 봉사한 면면들이 현지에서

---

146 *The Courier-Journal*, Mon, May 4 1903.

뿐만 아니라 미국 내에서까지 잔잔한 감동을 불러일으킨 결과였다.[147]

루이빌에 살던 여동생 루시 벨 스트래퍼 티어맨(Lucie Belle Straeffer Thierman)이 받은 언니의 편지에 의할 것 같으면, 스트래퍼 선교사는 내륙의 선교지인 광주에서 두 명이 끄는 마차를 타고 항구에 도착하여 홍콩으로 가는 배를 탄다는 것이었다. 거기에서 '셀틱'이라는 여객선을 타고 샌프란시스코에 도착한 후, 대륙 횡단 열차를 타고 시카고를 들러서 루이빌로 온다는 계획이었다. 여동생 티어맨을 포함한 가족들은 스트래퍼 선교사가 정시에 도착할 수 있을지에 대하여 불안해하며 노심초사 하였다. 이런 내용까지 지역 신문에 실릴 정도로 스트래퍼 선교사의 명망은 대단한 것이었다.[148] 스트래퍼 선교사는 9년 연상의 엘라 올리비아 언니, 5살 연상의 조지 헨리 오빠, 8살 어린 루시 벨 여동생, 그리고 10살 어린 블란체 엘리나 여동생을 두었다.

스트래퍼 선교사는 정확히 만 7년여의 한국 사역을 마치고 루이빌로 영구 귀국하였다. 그녀는 평생 동안 기독교 사회 활동가로서 지칠 줄 모르는 사역에 헌신하였다. 그만큼 그녀의 헌신과 희생과 열정은 타의 추종을 불허할 정도로 특출 났다. 그녀의 사역은 1. 전쟁난민이 된 시리아 계열의 어린이들과 아르메니아의 아동들을 돕는 '근동 구제 선교회'(The Near East Relief Mission) 사역, 2. Y.W.C.A. 사역, 3. 인디애나주 인디애나폴리스에 본부를 둔 '휠러 시티 구제 선교회'(The Wheeler City Rescue

---

147 *The Courier-Journal*, Fr, May 18 1906.

148 *Ibid.*

Mission) 사역, 4. 무디 성경 학교 출신답게 선교회 자체의 성경공부반과 그녀가 섬기던 인디애나폴리스 소재 웨스트민스터 장로교회의 성경공부반 강의 사역 등이다.[149] 인디애나폴리스에 기반을 둔 휠러 선교회 사역은 그녀의 말년에 건강이 좋지 않은데도 불구하고 자원봉사자로 나설 정도로 사역을 쉬지 않았고, 건강이 악화되어 병원에 입원하기 전까지 선교회와 교회의 성경공부반을 인도하였다.

스트래퍼 선교사가 한국에서 돌아온 후, 가장 오랫동안 헌신했던 사역은 '근동 구제 선교회'였다. 1차 세계대전이 발발하면서 오스만 제국은 오랫동안 경제를 이끌면서 막강한 경제력과 사회적 영향력을 행사하고 있던 아르메니아 사람들에 대한 인종 말살 정책을 1915년부터 조직적으로 실행하였다. 아르메니아 대학살로 알려진 오스만 제국과 쿠르드족들의 만행으로 1,500,000만 명이 넘는 사람들이 비참하게 도륙되었다. 오스만 제국이 아르메니아인들을 시리아 사막으로 강제 이주시킴으로 아사자가 속출하였다. 아르메니아인들은 도륙되든지 굶어 죽든지 극단적인 상황에 직면하였다. 게다가 시리아계와 앗시리안계 등 소수민족들까지 피해의 대상자가 되었다.[150] 역사적으로 전쟁과 재난 등의 상황에서 최대의 피해자는 여성과 아이들이었다. 1차 세계대전이 끝난 이후에도 오스만 제국의 학살극은 계속되었고 수많은 고아들이 사막을 떠돌며 아사직전까지 몰리고 있었다. 스트래퍼 선교사는 15년 이상을 아르메니아와 기타

---

149 *The Hazard Herald(Hazard, Kentucky)*, Thu, November 24 1938; *The Indianapolis Star*, Wed, May 17 1939.

150 최은수, *아르메니아 조지아 성지순례 핸드북* (서울 2023) 참조.

소수계 아동들을 구제하는데 헌신하였다.[151]

스트래퍼 선교사의 사망진단서.

쉼 없이 달려온 그녀의 헌신적인 사역은 흐르는 세월 앞에서 멈춰
서고 말았다. 어느덧 70대에 들어선 스트래퍼 선교사의 육체는 노환으
로 쇠약해져 갔고 급기야 인디애나폴리스 소재 로버트 롱 병원 (Robert
Long Hospital)에서 1939년 5월 15일에 71세의 일기로 별세하였다.[152] 이
미 명사가 된 스트래퍼 선교사의 사망과 장례일정은 여러 뉴스 매체들을
통하여 소상하게 보도되었다. 그녀는 가족묘가 있는 켄터키주 루이빌 소
재 케이브 힐 묘지(Cave Hill Cemetery)에 안장되었다.[153]

151 *The Lexington Herald (Lexington, Kentucky)*, January 20 1922; July 25 1922.

152 *The Indianapolis Star*, May 17 1939; *The Indianapolis News*, May 16 1939.

153 *The Indianapolis News*, May 17 1939.

켄터키주 루이빌에 있는 스트래퍼 선교사 묘비.

제7장

목포권 사람들 중심의 스토리텔링 (Storytelling)

** 아래의 내용들은 확정된 사항이 아니라, 단지 자문의 일환임을 밝혀 두는 바이다. **

목포권 기독교 근대 역사관의 설립 목적

목포권 기독교 근대 역사관은 기독교인들의 사명인 '기억함'(To Remember)을 구현하는 장으로서, 기독교의 전래와 발전을 통하여 복음화와 근대화에 기여한 내용들을 통해서 미 남장로교 파송 선교사 제위와 목포권 사람들의 헌신과 희생을 기리고, 현재뿐만 아니라 다음 세대에게 도전이 되고 목포권 기독교 역사에 대하여 감동 어린 자부심을 심어 주는 데 목적이 있다.

스토리텔링의 기본구조

1. 역사적 사실에 기초하여 섬기러 온 선교사 제위의 희생과 헌신을 기억하면서 동시에 목포권 사람들이 중심이 되도록 한다.

2. 다음 세대를 배려하는 스토리텔링을 추구하고 중요한 역사적 사건들 속에서 단순한 나열이 아니고, 교훈이 되고 강한 인상을 줄 수 있는 주제별 라인 구성과 역사적 인물들의 인생 어록들을 엄선하여 적재적소에 배치시킨다. 그리하여 본 역사관을 방문하는 모든 사람들이 '기억함'의 사명에 동참하면서 각 개인의 삶과 신앙에 위로와 격려, 그리고 도전을

받을 수 있도록 배려한다. 기독교 역사관은 생생하게 살아 있어야 한다.

3. 목포권 기독교 근대 역사관만의 독특성을 극대화하기 위해서 차별화 된 '컬렉션'을 마련한다. 현재 전라남북도에만 해도 주요 도시마다 또는 지역마다 크고 작은 역사관이 설립되었거나 추진되고 있다. 각 지역성을 통해 차별화되기는 하지만 미 남장로교의 한국선교라는 공통분모를 가지고 있으므로 중복 전시의 가능성이 존재한다. 목포권에 맞는 독특하고 차별화된 구성이 필수적이다. 그런 측면에서 구별된 '컬렉션'이 있어야 하는 것이다.

섹션별 주제들

Section 1. 한국교회의 지브롤터 해협, 한국의 정원, 목포

- 개항에 즈음하여 세계열강들이 밝힌 목포의 지정학적 중요성과 영적인 비중 간단히 언급.
- 목포의 지도.
- 목포 기독교의 시작과 발전을 한눈에 볼 수 있는 연표.
- 목포에 전해진 기독교의 정통성과 다양성 강조하여 정통 장로교의 역사적 흐름과 미 남장로교 전라도 선교의 유산을 함께 물려받은 성결교 및 여타의 교파들의 전래 및 발전 언급.
- 초기 목포와 주변 지역 사진들.
- 이 섹션을 대표하는 명언을 통하여 방문자들에게 도전을 주고 강한 인상을 심어준다.

Section 2. 좋은 땅에서 나온 열매, 김윤수와 윤식명 등 목포권 사람들

김윤수 가족 사진.[154]

- 미 남장로교 한국선교와 전라도 선교를 위해서 초기부터 크게 기여했던 정해원, 변창연 등의 활약을 집중 조명한다. 이들을 포함하여 어학 교사, 조사, 매서인, 전도부인, 심지어 아무 이름도 없이 잡일을 도맡아 하던 사람들까지 가능한 구체적으로 언급한다. 다만 공간의 제한상 최대한 함축해서 언급한다.
- 미 남장로교 한국선교부의 선교 스테이션 중심.
- 선교 스테이션에 구축되는 교회, 학교들, 병원 등을 시기적으로 구분하여 언급.
- 김윤수를 모범사례로 초기 기독교인의 삶과 신앙.[155]

---

154 Bynum, 'Journey'.
155 *The Missionary*, October 1902.

- 목포권 사람들이 '최초'가 되는 몇 가지 사안들을 제시.
- 이 섹션을 대표하는 명언을 통하여 방문자들에게 도전을 주고 강한 인상을 심어 준다.

Section 3. 좋은 토대 위에서 꽃핀, 공생원, 코이노니아 자매회, 그리고 여성숙과 여성들

'그렇게 살겠다고 몸부림쳤는데 의술도, 의사의 손길도 무력했어요. 부릅뜬 그의 눈을 감겨 주며 내가 할 수 있는 일은 기도밖에 없었죠.'

- 여성숙 의사 -

돈 안 받는 기침 병원, 목포의원과 한산촌[156]

- 소외계층인 여성들과 어린아이들의 변화와 헌신.
- 여성들의 희생과 헌신을 언급하면서, 여성 선교사들과 목포권 여성들의 활약을 간결하게 정리. 정명여학교 또는 맥컬리 여학교의 교사와 학생들의 활약 등.
- 여성 선교사들과 지도자들의 관련 사진들과 유물들 설명.
- 이 섹션을 대표하는 명언을 통하여 방문자들에게 도전을 주고 강한 인상을 심어 준다.

---

156 *여성숙, 백년의 꿈, 결핵환자들의 어머니*, 전남 여성 플라자, (무안 2018); 서종옥 편, '전라도를 섬긴 황해도 여의사, 한산촌 여성숙', (순천 2019).

Section 4. 좋은 토양에 뿌려진 순교의 씨앗들, 박연세 등 목포권 순교자들

'우리는 유일하신 하나님 외에는 찬양할 수가 없습니다.'

- 박연세 목사[157] -

- 선교사들의 공백에 따른 목포권 사람들의 대응과 저력 발산, 선교사들의 도래 전에 목포권 사람들에 의해 신앙 공동체 형성, 위기 때마다 좋은 땅에서 뿌리를 내리고 살아온 사람들의 저력과 영향력.
- 만세운동과 같은 민족운동에 헌신한 인물들의 활약 간단히 정리.
- 일제의 탄압과 압제에 맞서는 기독교인들.
- 태평양 전쟁, 해방, 한국전쟁, 민주화 운동, 동성애 허용 반대 등 기독교의 역사적 가치를 위해서 수고한 내용들 정리.
- 이 섹션을 대표하는 명언을 통하여 방문자들에게 도전을 주고 강한 인상을 심어 준다.

---

157 한인수, *호남교회 형성인물* (서울 2000), 72-75.

각 섹션의 중간에 위치시켜서 강약과 선택/
집중 가능케 하는 인터섹션

Inter-Section 1. 유대모-오기원-맹현리 컬렉션(The Drew-Owen-McCallie Collection), 특화된 섬 선교 컬렉션

- 유대모(드류) 선교사는 미 남장로교회 파송 최초의 의사 선교사가 되어
전라도 땅을 밟음, 황포돛단배를 구입하여 고구산군도 등 섬 지역을
다니며 복음과 의술 펼침, 섬이 많은 전라도 지역 복음화의 선구자.
- 오기원 선교사는 유대모를 친형 이상으로 존경하며 따랐던 인물로서,
그가 선교선을 이용하여 바다와 강을 누비며 사역하는 것에 강한 인상
을 받음, 섬이 많은 목포에 적용해야 한다고 생각.
- 맹현리 선교사는 섬 사역을 전문적이고 체계적으로 감당한 인물, 유대
모의 사역이 모델이 됨.
- 맹현리 가문은 교회와 학교 설립으로 유명, 테네시주 채터누가 장로교
회 및 룩아웃 장로교회 설립한 부친, 맥컬리 남학교, 걸스 프리파토리
스쿨, 목포의 맥컬리 여학교(정명여학교)로 불림.[158]
- 이 인터섹션을 대표하는 명언을 통하여 방문자들에게 도전을 주고 강
한 인상을 심어 준다.

---

158 David P. McCallie, *Thomas Hooke McCallie-A Memoir* (Bloomington 2011).

Inter-Section 2. 하퍼 가족 컬렉션(The Hopper Family Collection), 대를 이어 목포권 사람들을 섬긴 가문[159]

조하파 선교사.

조하파의 부인 애니 선교사.

2대 조요셉 선교사.

조요셉의 부인 돗 선교사.

---

159   Dorothy Longenecker Hopper, *Mission to Korea*(Franklin 1999)

메리 하퍼 브라운, 부명광 부인.

Inter-Section 3. 루스 벨 그래함 컬렉션(The Ruth Bell Graham Collection),

'나의 인생 여정이 끝났네요. 그동안 부족한 저를 위해서 인내하며 참아준 모든 분들에게 감사드립니다.'

- 루스 벨 그래함, 빌리 그래함의 부인 -

- 세계적인 부흥사 빌리 그래함의 아내.
- 한국과 목포의 은인, 루스 벨 그래함. 공산화의 위험 속에서 남편인 빌리 그래함을 설득하여 당시 대통령에게 영향력을 행사함으로 유엔이 연합군을 파병하도록 단초를 제공.
- 만주에서 미 남장로교 파송 의료선교사의 딸로 태어난 루스 벨 그레함이 평양 외국인 학교 선후배 사이이기도 한 한국파송 은퇴 선교사들이

주거 문제가 어렵다는 것을 알고, 남편 빌리 그래함을 설득하여 선교
사 은퇴촌을 마련.[160]

- 경제적으로 어려웠던 나빈손(로빈슨) 선교사와 서의필(서머빌) 선교사
의 묘지를 빌리 그래함의 정원 한편에 쓰도록 배려.[161]

- 선교사 은퇴 후 블랙 마운틴에서 살던 고허번(카딩턴) 선교사 부부가
간호사인 줄리 카딩턴이 교통사고로 생을 마감함으로 고허번 부부가
큰 충격과 슬픔 가운데 있을 때, 빌리 그래함과 루스 벨 그래함 부부가
위로에 동참함으로 그들이 딸의 죽음으로부터 회복하는데 있어 큰 도
움이 됨.[162]

160　　Interview with Mariella Talmage Provost, Black Mountain.

161　　Interview with Rob Robinson, 2024, Black Mountain.

162　　Interview with Herb Coddington, 2012, Clinton, SC; Ronald B. Dietrick, 'Kwangju
Christian Hospital: The Missionary Years 1905-1976' (Wilmington 2005); Sylvia Naley
Boyer, 'Dr. Herbert Codington and Wife Page Lancaster Codington', Personal Memoir,
Black Mountain, 2012; Crane Family Papers, Presbyterian Historical Society.

미 남장로교 파송 만주 지역 의료선교사의 딸로 태어나서 평양 외국인 학교에
재학 중이던 1937년에 찍은 루스 벨 그래함 사진. 고등학교는 미국에서
졸업하고 시카고 휘튼 대학에 진학하던 중 빌리 그래함을 만나서 결혼.

China fleas: 1—2—3 Gay Currie 4 Kit
Mclauchlin 5 — 6 Sandy Yates 7 Hel
Torrey 8 Betty Yates 9 —10 Virginia
Montgomery 11 Ruth Bell 12 Lois Alli
13 Betty Cline ——21 Carolyn Anspa(
(Spinach)

평양 외국인 학교 동급생들과 함께한 루스 벨 그래함.[163]

---

163 John Wilson, 'History of the Pyengyang Foreign School', Black Mountain; 여수
애양원의 설립자이며 평생을 전라도 의료선교에 헌신한 우월순(윌슨) 선교사의 아들로
전라도 광주에서 태어난 우요한 선교사가 본인의 모교인 평양 외국인 학교 40년사를 편
집하였다. 우요한 선교사는 100세를 불관 한 달여 남겨 둔 99세의 일기로 별세하였다.

목포에서 오랫동안 사역한 나빈손(로빈슨) 선교사 가족. 경제적인 사정이
여의치 않아서 가족들이 난감해 하자 루스 벨 그래함 여사가 자신의
정원 한편을 내주어 장사토록 했다.

목포에서 사역한 서의필(서머빌) 선교사의 묘도 루스 벨 그래함 여사의 배려로
빌리 그래함의 정원 한편에 모셔져 있다. 서의필 선교사는 한남대학교 교수로
도 활동하였다. 그의 부인 서진주 선교사는 미 남장로교 한국선교와 관련된 자
료들을 정리하는데 큰 공헌을 하였다.

전라도 광주에서 타마자 선교사의 막둥이로 태어난 타마리아 선교사가 미 북
장로교 선교사인 부례문(프로보스트) 선교사와 결혼하여 부마리아로 더
잘 알려졌다. 부례문 선교사 주도로 1952년 한국전쟁 당시 빌리 그래함 목사가
처음으로 한국을 방문하여 집회를 하였고, 특히 한국교회의 새벽기도회를
참석하여 큰 감명을 받았다. 타마자 선교사는 미 남장로교 한국선교부의
재산을 일제로부터 지키는 과정에서 투옥되기도 하였다. 그의 아들이자
부마리아의 오빠인 타요한은 목포의 교육선교에 크게 기여하였다.[164]

164　Mariella Talmage Provost, 'I gave you to the Lord', Black Mountain 2013; J. V. N.
Talmage, 'A Prisoner of Christ Jesus in Korea', Montreat, 1947; David John Seal, *For
Whom No Labor of Love is Ever Lost* (Franklin 1999); 최은수, *사십 40* (서울 2021).

빌리 그래함 목사의 2차 한국방문은 1973년 여의도 집회로서 1,000,000명 이상
이 참가한 역사적인 모임이었다. 빌리 그래함이 평생 동안 전 세계를 다니면서
수많은 전도집회를 했는데, 여의도 집회의 참가수가 가장 많았다. 빌리 그래함
의 사역 이면에는 루스 벨 그래함 여사의 역할이 지대하였다.

고허번(카딩턴) 선교사의 딸인 줄리 카딩턴 간호사가 교통사고로 안타까운
죽음을 맞이하였다. 루스 벨 그래함 여사는 고허번 선교사 부부와 가족을
위로하는 시를 써서 발표하였다.[165]

---

165   Ruth Bell Graham, *Clouds are the Dust of His Feet* (Wheaton 1992).

후기(Postlude)

　서문에서 밝힌 대로, 본서는 이미 설립되어 운영되고 있거나, 현재 그리고 향후 설립될 기독교 역사관 또는 박물관들을 위한 안내서가 되기를 소망하고 있다. 미 남장로교 파송 은퇴 선교사 제위의 역사 기록에 대한 유지를 받든 후, 연구가 되는 대로 가능한 많은 글들을 기술하여 발표해 왔다. 지금은 유명을 달리한 은퇴 선교사 제위가 친필로 작성한 글들이 적재적소에 인용되어 빛을 보기 시작했으니 진정 그 어느 것 하나라도 가벼이 여길 수 없다는 생각이다. 역사는 역사를 낳고, 생명은 생명을 낳으니 말이다.

　미 남장로교회의 선교역사 및 전라남북도 교회사를 연구하면서 '전라도사관' 또는 '호남사관'을 개척하게 된 것은 매우 특별한 결실이 아닐 수 없다. 어찌 보면 필자가 이 분야의 교회사를 연구하면서 처음부터 가지고 있었던 의문이었기 때문에 오랫동안 풀지 못했던 과제를 해결한 듯하여 기쁘기 그지없다. 이런 새로운 관점을 통하여 교회사 연구가 더욱 풍성해지고 수많은 결실들이 맺어지기를 바란다.

　이상과 같이, 필자의 관점에서 본대로, 넓게는 전라도 구체적으로는 목포권이 다방면에서 좋은 땅이었음이 분명하게 드러났다. 이런 토대가 아니었다면, 이런 토양에서 나고 자란 사람들이 아니었다면, 제 아무리 미 남장로교 해외선교 실행위원회가 최고의 엘리트들을 총동원하고 셀 수 없는 물량공세를 쏟아 붙는다고 할지라도, 역사가 증언하는 이런 결실들이 맺어지는 것 자체가 불가능한 일이었다. 이 같은 사실은 세계교회사의 면면을 통해 비교해 보면 어렵지 않게 파악할 수 있는 모습이다.

전라도 교회사의 튼튼한 구조는 좋은 토양 위에 뿌리 깊게 기초를 다진 근원의 역사를 규명하는 데서 출발한다. 교회사의 사필귀정을 통해서 건물의 하자를 보수하여 튼튼한 구조를 강화하듯이, 올바른 역사의 서술은 정도를 지향함으로 유무형의 좋은 영향을 가져다준다. 현지인 중심의 사역을 펼친 선교사들이라도 한글보다는 영어가 편해서 그들이 남긴 자료들이 본의 아니게 그들 중심인 것처럼 보인 점은 옥의 티라고 할 수 있다. 전라도 사람들과 목포권 민초들의 이름들이 보다 정확하게 기록에 남지 않은 점도 아쉬운 대목이다. 그래도 선교사들의 기록 속에 많은 이름들이 등장하고 한국 쪽 자료나 증언들을 토대로 각 개인의 이름이나 행적을 파악해 나가면 윤곽을 잡을 수 있음이다.

전라도의 목포권에서 선교사 제위가 삼각편대를 조직화하여 사역의 효율성을 높인 체계는 비옥한 토양과 만나며 민초들의 잠재력을 폭발시켰다. 목포권에서 전개된 자생적인 교회운동, 만세운동과 같은 민족운동, 일제의 억압과 기독교에 대한 민족 정체성 말살 정책 등에 맞서서 전개된 신사참배 반대와 같은 신앙 정체성 운동, 향후 펼쳐진 기독교의 사회기여와 봉사 운동 등은 뿌리 깊은 신앙에 기초를 둔 귀한 유산인 것이다. 이런 모든 기독교 유산이 목포 기독교 근대 역사관을 통하여 구현되고 가시화 되고 있다. 전라도의 다른 지역에서도 마찬가지로 진행되리라 기대해 마지않는다.

감사의 글

하나님의 은혜로 한국교회사학계의 1세대 대부이신 홍치모 교수님을 만난 것은 큰 복이 아닐 수 없다. 세계 장로교의 본산인 영국 스코틀랜드로 가서 본산 장로교회사를 전공한 것도 은사님의 따뜻한 배려와 학문적인 안내 덕분이었다. 선생님은 항상 '깨알 같은 주제 선정'을 말씀하시며 논점이 분명한 논문 작성에 대하여 생생한 가르침을 주셨다. 장로교의 본산에서 홍치모 교수님과 함께 기차를 타고 가면서 나눈 대화들은 정말 피가 되고 살이 되는 내용이었다.

장로교의 본산에서 장로교 목사다운 설교와 목회를 하셨던 에릭 알렉산더(Rev. Eric Alexander) 목사님의 설교가 그립다. 세계적인 강해설교자로서 유명세를 떨치던 분이었지만, 글라스고 트론 교회에서 대면할 때는 이웃집 아저씨처럼 다정다감하며 겸손이 몸에 배어 있는 모습이 너무 좋았다. 필자가 스코틀랜드를 떠난 이후에도 이메일 등으로 연락을 취하며 무슨 일이든 적극적으로 도우시려고 했던 열정 또한 잊지 못한다. 2023년에 마지막으로 뵐 수도 있었는데 갑자기 건강이 악화되어 대면하지 못한 일은 두고두고 아쉬움으로 남는다.

필자의 지도교수 중 한 분이셨던 윌리엄 이언 해즐렛(Professor William

Ian Hazlet) 교수님은 영국 대학의 학문적 수준이 떨어지고 있음을 강하게 질타하시던 분이었다. 스코틀랜드에서 해즐렛 교수님은 학문적인 킬러로 정평이 자자했다. 그분의 높은 기준에 맞지 않으면 석사 논문이든 박사논문이든 살아남지를 못했다. 16세기 종교개혁사 분야의 세계적인 권위자이시고, 특히 존 칼빈에게 지대한 영향을 주었던 마틴 부처(Martin Bucer)에 대하여 독보적인 학자이기도 하다. 그분의 서슬 퍼런 학문적 칼날을 무사히 피해서 생존한 거의 유일한 아시아계여서인지는 모르겠으나 필자와는 아직까지도 좋은 유대를 가지고 있다. 부족한 사람에게 늘 격려와 조언을 아끼지 않으시니 황송할 뿐이다.

필자의 부탁이라면 항상 기꺼이 나서주시는 심창섭 교수님, 아직도 교회사 연구를 위해서 청년의 열정을 가지고 계신 이상규 교수님, 전라도 교회사를 위해서 헌신해 오신 주명준 교수님, 전주를 방문할 때마다 환대해 주시는 명예교수님들 모두께 감사를 표하고 싶다. 전북 남원을 위해 수고하시는 장효수 목사님, 최용우 교수님, 김태성 장로님 등 모든 분들에게도 감사드린다.

필자와 목포의 인연은 목포주안교회를 섬기고 계신 모상련 목사님의 역할이 크다. 그 덕분에 필자는 남도문화와 음식에 매료되어 시간이 날 때마다 남도의 구석구석을 누비고 다녔으니 말이다. 아울러 목포권에서 기독교 역사를 기억하기 위해서 수고하시는 정용환 목사님을 위시하여 송태후 장로님과 고삼수 장로님, 최완민 장로님 등 모든 분들의 열정과 헌신에 감격할 뿐이다.

목포보다 먼저 시작된 군산과의 인연은 최고의 인문학적 소양을 겸비하신 전병호 목사님과 열정의 에너자이저이자 부위럼과 같은 팔방미인 서종표 목사님, 그리고 열정이 넘치시는 모든 분들을 통해 감동이 배가된다.

특히 미 남장로교 파송 최초의 의사 선교사인 드류 유대모 박사를 통해서 귀한 인연이 된 순천 안력산의료문화재단 서종옥 이사장님, 드류 유대모 박사 기념사업회의 이강휴(이드류) 원장님, 한국기독의사회를 위해서 헌신하시며 고려대 의대를 은퇴하시고 전주예수병원에서 여전히 인술을 펼치고 계시는 김윤환 교수님 등 알면 알수록 정말 대단한 분들이다. 전주예수병원의 신충식 원장님과 한순희 간호국장님도 미 남장로교 선교 유산을 제대로 상속한 분들이다.

전라남북도를 방문할 때마다 동행하시는 부친 최규채 장로님은 2025년 93세이시고 기도의 사명자이다. 장모님이신 강릉의 최돈희 권사님도 기도의 여장부시다. 아내 김경애 사모와 세 자녀들의 기도와 응원에 늘 감사한 마음뿐이다.

마지막으로, 생전에 부족한 사람을 블랙 마운틴으로 불러서 자신들의 이야기를 들려주시고 편지 한 통이라도 주시며 교회사 연구에 도움을 주신 모든 선교사 제위께 깊은 감사를 드린다. 특히 린튼 가문, 빌리 그래함과 루스 벨 그래함 가문, 나빈선 선교사 후손들, 하퍼 선교사 손자인 데이빗 하퍼 박사 등 그 후손들, 고허번 박사의 장남인 고허비 목사님과 그 후손들에게 감사한다. 최근에 연결된 드류(Drew) 유대모 박사의 외손녀인 베티 브룩스(Mrs. Betty Brookes) 여사와 그 가족들, 드류 선교사의 후손 중에 유일하게 의사의 길을 가고 있는 도널드 숄(Dr. Donald B. Shaul) 박사와 가족들 모두에게 감사한 마음 전하고 싶다.

Soli Deo Gloria!
오직 하나님께만 영광을!